CADA VEZ MAIS FORTE

Arthur C. Brooks

CADA VEZ MAIS FORTE

Como encontrar sucesso,
felicidade e propósito
na segunda metade da vida

Tradução de Michele Gerhardt MacCulloch

Copyright © Arthur Brooks, 2022.

Alguns nomes e características foram alterados a fim de proteger a privacidade dos indivíduos envolvidos.

TÍTULO ORIGINAL
From Strength to Strength: Finding Success, Happiness and Deep Purpose in the Second Half of Life

PREPARAÇÃO
Júlia Barreto

REVISÃO
Midori Hatai
Mariana Gonçalves

DIAGRAMAÇÃO
Victor Gerhardt | CALLIOPE

DESIGN DE CAPA
Jennifer Heuer

IMAGEM DE CAPA:
Christiaan Hart / Alamy Stock Photo

CIP-BRASIL. CATALOGAÇÃO NA PUBLICAÇÃO
SINDICATO NACIONAL DOS EDITORES DE LIVROS, RJ

B888c

    Brooks, Arthur C., 1964-
      Cada vez mais forte : como encontrar sucesso, felicidade e propósito na segunda metade da vida / Arthur C. Brooks ; tradução Michele Gerhardt MacCulloch. - 1. ed. -Rio de Janeiro : Intrínseca, 2024.
    256 p. ; 21 cm.

    Tradução de: From strength to strength
    Inclui índice
    ISBN 978-85-510-0978-9

    1. Envelhecimento - Aspectos psicológicos. 2. Bem-estar. 3. Longevidade. 4. Espiritualidade. 5. Desenvolvimento pessoal. I. MacCulloch, Michele Gerhardt. II. Título.

24-92563

CDD: 612.68
CDU: 612.68

Gabriela Faray Ferreira Lopes - Bibliotecária - CRB-7/6643

[2024]
Todos os direitos desta edição reservados à
EDITORA INTRÍNSECA LTDA.
Av. das Américas, 500, bloco 12, sala 303
22640-904 – Barra da Tijuca
Rio de Janeiro – RJ
Tel./Fax: (21) 3206-7400
www.intrinseca.com.br

1ª *edição*
SETEMBRO DE 2024
impressão
CROMOSETE
papel de miolo
LUX CREAM 60 G/M²
papel de capa
CARTÃO SUPREMO ALTA ALVURA 250 G/M²
tipografia
FILOSOFIA OT

Ao meu guru.

Como são felizes os que em ti encontram sua força,
e os que são peregrinos de coração!
Ao passarem pelo vale de Baca,
fazem dele um lugar de fontes;
as chuvas de outono também o enchem de cisternas.
Prosseguem o caminho de força em força,
até que cada um se apresente a Deus em Sião.

Salmos 84:5-7

Sumário

INTRODUÇÃO
O homem no avião que mudou a minha vida   11

CAPÍTULO 1
Seu declínio profissional está (muito) mais perto do que você pensa   17

CAPÍTULO 2
A segunda curva   40

CAPÍTULO 3
Largue seu vício em sucesso   59

CAPÍTULO 4
Comece a cortar os excessos   80

CAPÍTULO 5
Reflita sobre a sua morte   110

CAPÍTULO 6
Cultive seu álamo-trêmulo   125

CAPÍTULO 7
Comece seu *vanaprastha*   160

CAPÍTULO 8

Transforme sua fraqueza em força 184

CAPÍTULO 9

Lance a linha na maré baixa 202

CONCLUSÃO

Sete palavras para se lembrar 226

Agradecimentos 230

Notas 232

Índice Remissivo 248

INTRODUÇÃO

❁

O homem no avião que mudou a minha vida

"*Não é verdade que* ninguém mais precisa de você."

Essas palavras exasperadas foram proferidas por uma senhora sentada atrás de mim em um voo noturno de Los Angeles para Washington, D.C. O avião estava escuro e silencioso, e a maior parte das pessoas dormia ou assistia a algum filme. Eu trabalhava no meu notebook, ansioso para terminar algo do qual já me esqueci completamente, mas que, à época, parecia ser importantíssimo para minha vida, minha felicidade e meu futuro.

Um homem, que presumi ser marido dela, murmurou uma resposta quase inaudível, ao que a esposa respondeu: "Ah, pare de dizer que seria melhor se você estivesse morto."

Eles tinham minha completa atenção agora. Não era minha intenção bisbilhotar, mas foi inevitável. Metade de mim escutava com empatia humana, e a outra metade, com a fascinação profissional de um cientista social. Construí uma imagem mental do marido. A pessoa que imaginei trabalhara duro a vida inteira em relativa obscuridade; era alguém frustrado por conta dos sonhos que não havia conseguido realizar: talvez a carreira da qual nunca correra atrás, escolas que nunca frequentara, a empresa que nunca abrira. Então, imaginei que ele tinha sido forçado a se aposentar, descartado como um jornal velho.

Quando as luzes se acenderam depois da aterrissagem, pude enfim dar uma olhada no homem infeliz. Fiquei chocado: eu o reconheci, ele era distinto, famoso até. Em seus mais de 80 anos, ele era amado no mundo todo, considerado um herói por sua bravura, seu patriotismo e suas conquistas alcançadas muitas décadas antes. Desde a minha infância, eu o admirava.

Conforme ele passava atrás de mim pelo corredor do avião, os passageiros o reconheciam e murmuravam com veneração. Parado à porta da cabine, o piloto o reconheceu e disse, ecoando meus pensamentos: "Senhor, eu o admiro desde menino." O homem idoso, que parecera querer estar morto apenas alguns minutos antes, abriu um sorriso enorme ao ser reconhecido por suas glórias do passado.

Eu não sabia qual das duas versões definia com mais precisão aquele senhor: o homem alegre e orgulhoso saindo do avião ou aquele de vinte minutos antes que dissera à esposa que seria melhor estar morto.

Passei as semanas seguintes sem conseguir tirar da cabeça a dissonância cognitiva daquela cena.

Era verão de 2012, pouco depois do meu aniversário de 48 anos. Eu não tinha a fama em escala global do homem no avião, mas minha vida profissional seguia muito bem. Eu era o presidente de um bem-sucedido *think tank*, instituição que tem como missão refletir sobre assuntos relevantes, em

Washington, D.C.; já tinha escrito alguns best-sellers; as pessoas iam às minhas palestras; meus artigos eram publicados no *New York Times*.

Eu havia encontrado uma lista com os meus objetivos profissionais escrita oito anos antes, no meu aniversário de 40. Tinha certeza de que os realizar me traria muita satisfação. Já havia alcançado ou excedido todos eles. E, no entanto... eu não estava particularmente satisfeito nem feliz. Tinha realizado o que eu imaginava ser meu maior desejo, mas isso não me trouxe a alegria que eu previa.

E, mesmo se aquilo me *trouxesse* satisfação, eu conseguiria manter o ritmo? Se continuasse trabalhando sete dias por semana, doze horas por dia — o que eu costumava fazer, contabilizando semanas de oitenta horas de trabalho —, em algum momento meu progresso ficaria mais lento e pararia. Com frequência, eu já achava que essa desaceleração havia começado. E então? Eu acabaria olhando em retrospecto, para a minha vida, e dizendo à minha paciente e resignada esposa, Ester, que seria melhor se *eu* estivesse morto? Haveria alguma forma de parar com a busca incessante pelo sucesso e aceitar o inevitável declínio profissional com elegância? Talvez até transformá-lo em oportunidade?

EMBORA ESSAS QUESTÕES FOSSEM pessoais, decidi abordá-las como o cientista social que sou, tratando-as como um objeto de pesquisa. Não me parecia natural, era como se um cirurgião decidisse remover o próprio apêndice. Entretanto, segui adiante e, nos últimos nove anos, estou em uma busca pessoal para fazer com que meu futuro seja, em vez de um assunto assustador, uma oportunidade para evoluir.

Elaborei minhas pesquisas me valendo de literaturas variadas, a começar pela minha área — ciências sociais —, passando por áreas adjacentes como neurociência, filosofia, teologia e história. Mergulhei nas biografias das personalidades mais bem-sucedidas do mundo. Também me aprofundei na pesquisa acerca das pessoas que se empenham na busca pela excelência e entrevistei centenas de líderes, desde chefes de Estado a proprietários de lojas de material de construção.

O que encontrei foi uma fonte oculta de angústia que não apenas era difundida como também era quase universal entre as pessoas que tiveram êxito nas respectivas carreiras. Passei a chamar esse fenômeno de "maldição do obstinado": pessoas que se esforçam para serem excelentes no que fazem costumam encarar seu inevitável declínio como aterrorizante, seus sucessos como cada vez mais insatisfatórios e seus relacionamentos como incompletos.

A boa notícia é que também encontrei o que procurava: um modo de fugir da maldição. De forma metódica, construí um plano estratégico para o restante da minha vida, algo que me desse a chance de ter uma segunda metade da vida adulta que, além de não me decepcionar, fosse mais feliz e significativa do que a primeira.

No entanto, logo percebi que criar um plano particular para a minha vida não seria o suficiente. Eu precisava compartilhá-lo. Os segredos que desvendei estavam disponíveis para qualquer um que tivesse a vontade de experienciar uma vida cheia de alegria e propósito — e disposto a se esforçar para alcançá-la. Diferentemente do mundo que tentamos conquistar quando somos mais jovens, nesta segunda parte da vida não há mais competição pelos prêmios. Todos nós podemos ser bem-sucedidos e felizes. E foi por isso que escrevi este livro para você, meu companheiro obstinado.

O simples fato de ter escolhido este livro revela que você provavelmente alcançou o sucesso com trabalho árduo, muito sacrifício e uma excelência inflexível. (E, sejamos honestos, talvez um pouco de sorte também.) Você merece elogios e admiração, e deve tê-los recebido. Mas também sabe, de forma racional, que não pode manter essa festa rolando para sempre, e talvez já até note os sinais de que o fim está próximo. Infelizmente, você nunca pensou muito no fim da festa, por isso só vai ter uma estratégia: tentar seguir em frente. Ignorar a mudança e trabalhar ainda mais duro.

Mas esse é um caminho certeiro para a tristeza. Na minha área de economia, temos algo chamado "Lei de Stein", que recebeu esse nome em homenagem ao famoso economista da década de 1970, Herbert Stein: "Se uma coisa não pode continuar para sempre, ela vai parar."[1] Isso é óbvio, certo? Bem, quando se trata da própria vida, as pessoas ignoram esse preceito o tempo todo. Mas, se você ignora esse fato sobre seu sucesso profissional, é por sua conta e risco. Isso vai deixá-lo cada vez mais para trás, praguejando contra os céus.

Todavia existe outro caminho: em vez de negar que há algo de diferente com as suas habilidades, você pode transformar a própria mudança em uma fonte de força. Em vez de tentar evitar o declínio, pode transcendê-lo ao encontrar um *novo* tipo de sucesso, melhor que as promessas do mundo e que não seja um receptáculo de neurose e vício; assim como uma forma mais *profunda* de felicidade comparada à que você tinha; e, no processo, encontrar um *verdadeiro* significado para a vida, talvez pela primeira vez. O processo é o que descrevo neste livro. Ele mudou a minha vida, e pode mudar a sua também.

Um aviso: seguir esse caminho significa ir contra muitos dos seus instintos de batalha. Vou lhe pedir que não negue suas fraquezas, e sim que baixe sua guarda e as abrace; que se livre de algumas das coisas pelas quais trabalhou duro na vida, mas que agora estão segurando você; que adote partes da sua jornada que vão fazê-lo feliz, mesmo que não o tornem *especial*; que encare o declínio — e até a morte — com coragem e confiança; que reconstrua os relacionamentos que negligenciou na longa estrada para o sucesso; e que mergulhe na incerteza de uma transição da qual você lutou tanto para escapar.

Nada disso é fácil — na verdade, é difícil ensinar novos truques a um velho lutador! É preciso muito esforço para aceitar as ideias que talvez parecessem malucas na época em que você estava fazendo todo o possível para ser realmente incrível na sua vocação mundana. Mas prometo que a recompensa vai valer a pena. Eu posso ser mais feliz a cada ano. E você também.

Podemos seguir cada vez mais fortes.

CAPÍTULO 1

※

Seu declínio profissional está (muito) mais perto do que você pensa

Quem são os cinco maiores cientistas da história? Esse é o tipo de pergunta que as pessoas gostam de debater em recantos nerds on-line que você provavelmente não visita — e não tenho a menor intenção de levá-lo até lá. Mas não importa se você sabe muito ou pouco sobre ciência: Charles Darwin com certeza estará na sua lista. Até hoje, ele é lembrado como um homem que mudou completa e permanentemente nosso entendimento sobre biologia. Sua influência é tão profunda que ele continua sendo uma celebridade, embora tenha morrido em 1882.

Ainda assim, Darwin considerou sua carreira um fracasso até o dia de sua morte.

Vamos fazer uma retrospectiva. Os pais de Darwin queriam que ele fosse clérigo, carreira pela qual ele tinha pouco interesse e aptidão. Por isso, foi um aluno medíocre. Sua verdadeira paixão era a ciência, que o fazia se sentir vivo e feliz. Então, a oportunidade de sua vida foi quando, aos 22 anos, em 1831, ele foi convidado a participar da viagem a bordo do *Beagle*, um navio que percorreria o mundo em uma investigação científica. Mais tarde, ele mesmo diria: "Foi o acontecimento mais importante da minha vida." Durante os cinco anos seguintes embarcado, ele coletou amostras de plantas e animais exóticos, enviando-as para a Inglaterra, onde cientistas e o público em geral ficaram fascinados.

Esse foi um feito impressionante o suficiente para torná-lo conhecido. Quando voltou para casa, aos 27 anos, houve um frenesi intelectual diante de sua teoria da seleção natural — a ideia de que, no decorrer das gerações, as espécies mudam e se adaptam, possibilitando assim a multiplicidade de plantas e animais que vemos depois de centenas de milhões de anos. Nas três décadas seguintes, Darwin desenvolveu e divulgou sua teoria em livros e dissertações, fator que acentuou ainda mais sua reputação. Em 1859, aos 50 anos, ele publicou o livro que coroou seu trabalho, a obra-prima e best-seller *A origem das espécies*, um longo tratado sobre a teoria da evolução, tornando seu nome conhecido e mudando a ciência para sempre.

Nesse ponto, entretanto, a carreira de Darwin entrou em um período de estagnação criativa: sua pesquisa se deparou com um impedimento, e ele não conseguia mais avançar. Por volta da mesma época, um monge tcheco chamado Gregor Mendel descobriu o que Darwin precisava para continuar seu trabalho: a teoria da genética. Infelizmente, a obra de Mendel foi publicada em um obscuro periódico acadêmico alemão, e Darwin não chegou a ter acesso a ele; de toda forma, Darwin (lembre-se de que ele era um aluno desinteressado) não dispunha das habilidades matemáticas e linguísticas para entender. Apesar de ter escrito diversos livros subsequentes, eles trouxeram poucas inovações para a área.

Nos seus últimos anos de vida, Darwin ainda era famoso — foi enterrado como herói nacional na Abadia de Westminster —, mas estava cada vez mais infeliz e encarava sua obra como insatisfatória, insuficiente e pouco original. "Na minha idade, não tenho mais forças nem saúde para iniciar investigações que durarão anos, mas que são a única coisa de que gosto", confessou ele a um amigo. "Tenho tudo de que preciso para ser feliz e contente, mas a vida se tornou muito enfadonha."[1] Darwin foi bem-sucedido pelos padrões mundialmente aceitos, mas fracassado segundo os próprios. Ele sabia que, por todos os direitos mundanos, tinha tudo para ser "feliz e contente", mas confessou que sua fama e fortuna não tinham significado. Apenas o progresso e novos êxitos como aqueles dos quais desfrutara no passado seriam capazes de animá-lo, e isso estava além de suas capacidades. Então, ele se entregou à infelicidade em seu declínio. Ao que tudo indica, a melancolia de Darwin não diminuiu até sua morte, aos 73 anos.

Eu gostaria de poder dizer que o declínio e a infelicidade de Darwin são tão raros quanto suas conquistas, mas não seria verdade. De fato, o declínio de Darwin foi completamente normal e estava dentro do esperado. E se você, assim como ele, trabalhou duro para ser excepcional no que faz, é quase certo que enfrentará um padrão similar de declínio e decepção, que, a propósito, está muito mais perto do que você pensa.

A surpreendente prematuridade do declínio

A não ser que siga o lema de James Dean — "Viva depressa, morra jovem e deixe um cadáver atraente" —, você sabe que seu declínio profissional, físico e mental é inevitável. Mas provavelmente pensa que ainda tem um longo caminho pela frente.

Você não é o único que pensa assim. Para a maioria das pessoas, a crença implícita é a de que o ato de envelhecer e seus efeitos no desempenho profissional virão em um momento bem no futuro. Essa mentalidade explica todo tipo de resultado curioso em pesquisas. Por exemplo, em 2009, quando questionados sobre o significado de "ser velho", a resposta mais popular entre os norte-americanos foi "completar 85 anos".[2] Em outras palavras, o estadunidense médio (que vive até os 79) morre seis anos antes de se tornar idoso.

Eis a realidade: em quase todas as profissões que exigem habilidades específicas, o declínio acontece em algum momento entre os quase 40 e os quase 60 anos. Sinto muito, sei que isso machuca. E piora: quanto mais realizada a pessoa estiver no auge da carreira, mais evidente será o início do declínio.

É lógico que você não vai acreditar só no que estou dizendo, então vamos dar uma olhada nas evidências.

Começaremos com o declínio mais óbvio e prematuro: o de atletas. Aqueles que praticam esportes que demandam explosão têm seu pico de desempenho entre os 20 e os 27 anos, enquanto os que praticam esportes de resistência têm seu auge um pouco mais adiante, mas ainda assim enquanto jovens adultos.[3] Nenhuma surpresa até aí. Ninguém espera que um atleta profissional permaneça competitivo até os 60 anos, e a maioria daqueles com quem conversei para compor este livro (não existem pesquisas questionando quando as pessoas esperam viver o declínio físico, então comecei a fazer isso na informalidade) sabia que teria que encontrar um novo caminho profissional quando chegasse aos 30. Essa realidade não os agrada, mas geralmente a enfrentam.

Seu declínio profissional está (muito) mais perto do que você pensa   21

A história é bem diferente para os que agora chamamos de "trabalhadores do conhecimento" — que acredito se tratar da maioria dos leitores deste livro. Entre as pessoas cuja profissão exige ideias e intelecto em vez de habilidade atlética e força física significativa, quase ninguém admite esperar o declínio antes dos 70, alguns até depois disso. Diferentemente de atletas, porém, eles *não* estão encarando a realidade.

Vejamos os cientistas. Benjamin Jones, professor de estratégia e empreendedorismo na Kellogg School of Management da Universidade Northwestern, passou anos estudando o momento em que é mais provável que as pessoas façam descobertas científicas e desenvolvam invenções importantes dignas de prêmios. Analisando a maioria dos inventores e ganhadores do prêmio Nobel no último século, Jones descobriu que a idade mais comum para as grandes descobertas é entre os 30 e 40 anos. Ele mostra que a probabilidade de alcançar esses grandes descobrimentos cresce enquanto a pessoa está nos 20 ou 30 anos, e então despenca quando ela chega nos 40 anos em diante. Existem pontos fora da curva, é lógico. Mas a probabilidade de desenvolver uma grande inovação aos 70 anos é quase igual à que se tem aos 20: praticamente nula.[4]

Esse fato, sem dúvida, inspirou Paul Dirac, ganhador do prêmio Nobel de física, a escrever um poema um pouco melancólico sobre como a idade é a maldição de todo físico. Termina com estes dois versos:

Ele é melhor morto do que vivo
Assim que completa seu trigésimo aniversário.

Dirac ganhou o prêmio quando tinha 31 anos pelo trabalho realizado em seus 20 anos. Ao completar 30, ele já tinha desenvolvido uma teoria geral do campo quântico, área na qual alcançou seu Ph.D. em Cambridge (aos 26 anos). Aos 28, ele escreveu *Os princípios da mecânica quântica*, livro ainda utilizado nos dias de hoje. Aos 30 anos, Dirac era professor titular em Cambridge. E depois? Ele foi um intelectual ativo e fez mais algumas descobertas. Mas nada parecido com sua atuação quando mais jovem. Por isso, o poema.

É lógico que ganhadores do Nobel são diferentes de cientistas comuns. Jones, junto de um coautor, investigou mais a fundo os dados sobre pesquisadores em física, química e medicina que tinham trabalhos muito citados, assim como patentes e muitos prêmios. Eles descobriram que o auge do desempenho tem acontecido mais tarde do que no passado, principalmente porque, nas últimas décadas, o conhecimento exigido para se realizar um trabalho de ponta aumentou muito. Ainda assim, desde 1985, o auge não se dá em idade avançada: na física, ocorre aos 50 anos; na química, aos 46; e na medicina, aos 45. Depois disso, a inovação despenca.

O mesmo padrão básico ocorre em outras áreas do conhecimento. Para escritores, o declínio acontece entre os 40 e os 55 anos.[5] Profissionais da área financeira alcançam seu melhor desempenho entre os 36 e os 40 anos.[6] Quanto aos médicos: aparentemente, eles atingem seu auge em seus 30 anos, e então começam a sofrer quedas bruscas em suas habilidades conforme a idade avança.[7] É até meio tranquilizador quando um médico faz com que pessoas da minha idade se lembrem da série *Marcus Welby, MD*. Entretanto, um estudo canadense recente analisou 80% dos anestesistas do país e os processos que pacientes abriram contra eles durante uma década. Os pesquisadores descobriram que os médicos com mais de 65 anos têm uma probabilidade 50% maior de serem considerados culpados por negligência do que os mais jovens (com menos de 51).

Os empreendedores representam um caso interessante quando se trata da idade do auge. Fundadores de empresas de tecnologia costumam ganhar fama e fortuna em seus 20 anos, mas muitos já se encontram em declínio criativo aos 30. A revista *Harvard Business Review* publicou que fundadores de empresas que recebem 1 bilhão de dólares ou mais em capital de risco costumam ter entre 20 e 34 anos. A publicação revela que é baixo o número de fundadores mais velhos do que isso. Outros estudiosos contestam essa descoberta, com o argumento de que a idade média dos fundadores das startups que mais crescem, na verdade, é de 45 anos.[8] Mas a questão permanece: na meia-idade, a habilidade empreendedora despenca. Mesmo nas estimativas mais otimistas, apenas 5% dos fundadores têm mais de 60 anos.

O padrão não está limitado aos trabalhadores do conhecimento; o declínio perceptível relacionado à idade acontece mais cedo em profissões qualificadas, como a área de policiamento e enfermagem, do que as pessoas pensam. O auge do desempenho para engenheiros de equipamentos e pessoal de escritório fica entre os 35 e os 44 anos; e entre 49 e 54 anos para trabalhadores de montagem semiqualificados e funcionários dos correios.[9] O declínio relacionado à idade entre controladores de tráfego aéreo é tão acentuado — e as consequências dos erros relacionados a esse declínio são tão terríveis — que a aposentadoria compulsória ocorre aos 56 anos.[10]

O declínio é tão previsível que um estudioso construiu um modelo assustadoramente preciso para prevê-lo em determinadas profissões. Dean Keith Simonton, da Universidade da Califórnia, em Davis, estudou o padrão do declínio profissional entre pessoas com profissões criativas e elaborou um modelo que estima a forma da carreira da média das pessoas. Ajustando curvas para gigabytes de dados, ele criou um gráfico como o da Figura 1.

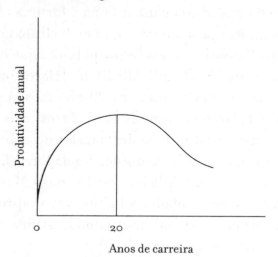

Figura 1: Produtividade média de trabalho após o início da carreira para profissões criativas e acadêmicas.[11]

Em média, o auge em profissões criativas ocorre cerca de vinte anos depois do começo da carreira, daí a descoberta de que as pessoas costumam entrar em declínio em algum momento entre os 35 e os 50 anos. Essa é uma média em muitas áreas, porém Simonton encontrou um número considerável de variáveis. Por exemplo, ele analisou a "meia-vida" de várias profissões: a idade em que metade do trabalho daquela pessoa já foi produzida. Isso corresponderia, em média, ao ponto mais alto do gráfico. Um grupo que se aproxima dessa meia-vida de vinte anos são os escritores de ficção, que costumam realizar metade do seu trabalho antes e metade depois, 20,4 anos após o início da carreira. Os matemáticos também ficam perto disso, com uma meia-vida de 21,7 anos. Um pouco mais cedo estão os poetas, que chegam à meia-vida com 15,4 anos. E, um pouco depois, os geólogos, com 28,9 anos.

Vamos analisar o que isso significa por um momento. Digamos que você esteja envolvido na área quantitativa — um analista de dados, por exemplo. Se terminar os estudos e começar a carreira aos 22 anos, atingirá seu auge profissional, em média, aos 44, e então verá suas habilidades declinarem. Agora, digamos que você seja um poeta que terminou seu mestrado em belas-artes aos 25 anos. Os dados de Simonton revelam que você chegará à metade da sua vida de trabalho com cerca de 40 anos, e seu declínio de produtividade acontecerá depois disso. Por outro lado, se você for um geólogo, seu auge tende a ser perto dos 54.

Para mim, declínio prematuro é pessoal

Quando eu comecei esta pesquisa, estava particularmente interessado em descobrir se os padrões de declínio se aplicavam aos músicos, em especial aos clássicos. Existem alguns casos famosos de músicos que continuaram se apresentando até uma idade avançada. Em 1945, a baixista Jane Little entrou para a Orquestra Sinfônica de Atlanta com apenas 16 anos. Ela se aposentou 71 anos depois, aos 87. (Bem, não foi exatamente uma aposentadoria; na verdade, ela morreu no palco durante um concerto enquanto tocava "There's No Business Like Show Business".)[12]

No entanto, a sra. Little é uma exceção à regra; a maioria se aposenta mais cedo. E pode-se argumentar que a aposentadoria acontece tarde demais. Nas pesquisas, os músicos clássicos relatam que o auge do desempenho ocorre depois dos 30 anos. Músicos mais jovens costumam reclamar porque as principais casas de show são ocupadas por artistas mais velhos — assim como em universidades, nas orquestras também existem mandatos vitalícios —, então eles acabam ficando por muito tempo, mesmo depois de já estarem em declínio. O problema é que esses músicos mais velhos não conseguem admitir isso nem para si mesmos.

"É muito difícil admitir que chegou a hora", disse um trompista de 58 anos da Orquestra Sinfônica de Pittsburgh. "Somos especialistas em negar. Tivemos sucesso porque nos recusamos a aceitar as chances esmagadoras de fazer disso nossa profissão, então, no início do nosso desenvolvimento, a negação é positiva."[13]

Esse trompista não sou eu. Mas poderia ser, em uma vida paralela.

Na verdade, quando criança, eu só tinha um objetivo: ser o melhor trompista do mundo. Pratiquei incansavelmente com minha trompa, horas e horas a fio, todos os dias, tocando em qualquer banda que me aceitasse. Eu tinha fotos de trompistas famosos na parede do meu quarto para me inspirar. Fui a todos os maiores festivais de música e estudei com os melhores professores disponíveis para uma criança de classe média baixa em Seattle. Eu era sempre o melhor trompista, sempre na primeira cadeira.

Por um tempo, achei que meu sonho de criança pudesse se tornar realidade. Aos 19 anos, larguei a faculdade e aceitei um emprego para tocar profissionalmente em um conjunto de música de câmara que estava prestes a entrar em turnê. Fizemos cem concertos em um ano, viajando pelo país em uma grande van. Eu não tinha plano de saúde, e o dia de pagar o aluguel era sempre estressante, mas, aos 21, já conhecia

Seu declínio profissional está (muito) mais perto do que você pensa 27

os cinquenta estados norte-americanos e quinze países estrangeiros, e tinha participado de álbuns que às vezes escutava nas rádios. Meu sonho era ascender no mundo da música clássica em meus 20 anos, entrar para uma orquestra sinfônica famosa e, então, me tornar solista: a posição mais exaltada que um músico clássico pode almejar.

Mas então, em meus 20 anos, uma coisa estranha aconteceu: comecei a piorar. Até hoje, não faço ideia por quê. Minha técnica começou a regredir, e eu não tinha qualquer explicação para aquilo. Nada ajudava. Procurei professores famosos e pratiquei com mais afinco, mas não consegui voltar ao que era. Composições que costumavam ser fáceis de tocar se tornaram difíceis; as difíceis se tornaram impossíveis.

Talvez o pior momento da minha carreira ainda iniciante mas já em dificuldades tenha sido no Carnegie Hall; em Nova York. Enquanto fazia um discurso sobre a composição que tocaria, dei um passo à frente, fiquei sem chão e caí do palco em cima do público. Ao sair do concerto, no caminho de casa, refleti com certa melancolia que aquele certamente era um sinal de Deus.

Sendo de Deus ou não, não dei ouvidos à mensagem. Ainda não conseguia me ver separado da ideia de "grande trompista". Eu teria preferido morrer a desistir.

Segui aos trancos e barrancos por mais nove anos. Aos 25, assumi um lugar na Orquestra Sinfônica de Barcelona, onde passei a praticar mais, mas meu desempenho continuou piorando mesmo assim. Após alguns poucos anos, encontrei um emprego como professor em um pequeno conservatório na Flórida, esperando uma reviravolta mágica que nunca se materializou.

Percebendo que talvez eu não devesse apostar todas as minhas fichas naquilo, voltei para a faculdade, na modalidade ensino a distância, sem contar a ninguém além da minha esposa (eu estava envergonhado). Nunca encontrei um professor nem coloquei os pés em uma sala de aula, mas consegui meu diploma em economia um mês antes de completar 30 anos. O dia da minha formatura consistiu em andar de chinelo até a caixa do correio e pegar meu diploma. No envelope, estava escrito em letras garrafais: "Não dobrar." Estava dobrado.

Sem que ninguém soubesse, continuei a estudar à noite e conquistei meu mestrado em economia um ano depois. Segui praticando e ganhando a vida como músico durante todo esse tempo, sempre na esperança de recuperar minhas habilidades.

Não aconteceu. Então, aos 31 anos, admiti o fracasso: nunca haveria uma reviravolta na minha carreira musical vacilante. Mas o que mais eu poderia fazer com a minha vida? Com relutância, segui os passos da minha família. Meu pai era acadêmico, assim como o pai dele. Abandonei minhas aspirações musicais e comecei meu Ph.D.

Vida que segue, não é mesmo? Ou quase. Depois de terminar meus estudos, me tornei professor universitário e me envolvi com pesquisa e ensino de ciências sociais — trabalho de que gostei muito. Mas eu ainda pensava todos os dias na minha primeira e verdadeira vocação. Até hoje, costumo sonhar que estou no palco. Consigo ouvir a orquestra e ver o público. Estou naquela zona em que o fluxo musical traz alegria, tocando melhor do que nunca... Então acordo e me lembro de que as minhas aspirações de infância agora são apenas espectros.

Na verdade, tenho sorte. Agora eu sei que meu declínio estava chegando, só que uma ou duas décadas antes do que é habitual. Com isso, pude me adaptar cedo o bastante para

Seu declínio profissional está (muito) mais perto do que você pensa   29

ser capaz de redirecionar minha vida para uma nova linha de trabalho intelectual. Até hoje, porém, a dor desse declínio prematuro ainda torna difícil escrever estas palavras. Prometi a mim mesmo que isso nunca mais aconteceria comigo. Mas, óbvio, os dados não mentem: isso *vai* acontecer de novo.

Por que entramos em declínio e como isso nos afeta

Para a maioria das pessoas, o declínio é não apenas uma surpresa desagradável como também um enorme mistério. Aprendemos desde cedo que a prática leva à perfeição; várias pesquisas afirmam que alcançaremos o domínio de alguma habilidade após 10 mil horas de prática, ou algum outro número tão alto quanto esse. Em outras palavras, a vida tem uma fórmula: quanto mais você faz uma coisa, melhor se torna.

Mas, então, você para de melhorar. Como mostra a Figura 1, o progresso não é uma linha reta ascendente. Então, o que explica a parte descendente?

Uma teoria inicial era a de que a inteligência diminui com a idade. Pesquisadores compararam o quociente de inteligência (QI) entre pessoas de todas as faixas etárias e constataram consistentemente que os mais jovens se dão muito melhor que os mais velhos. Isso leva à conclusão de que o QI sofre uma redução com a idade — e, dessa forma, nossas habilidades também entram em declínio. Entretanto, essa análise tinha uma falha fundamental: comparava pessoas com melhor formação escolar (os mais jovens, geralmente) com aquelas que cresceram com acesso a menos oportunidades educacionais. Analisando os indivíduos no decorrer do tempo, os pesquisadores descobriram que a redução da inteligência é muito menos nítida do que os estudos antigos mostravam. [14]

Uma explicação melhor envolveu mudanças estruturais no cérebro: especificamente, a mudança de desempenho do córtex pré-frontal (a porção do cérebro localizada atrás da testa). Essa é a última parte do cérebro a se desenvolver na infância e a primeira a mostrar sinais de declínio na vida adulta. As suas principais responsabilidades são memória de curto prazo, controle cognitivo e mecanismos inibitórios — ou seja, a habilidade de bloquear informações alheias à tarefa que temos em mãos, de forma que possamos nos concentrar e aperfeiçoar nossa habilidade principal. Um córtex pré-frontal grande e forte possibilita que você se aprimore cada vez mais na sua especialidade, quer seja ela formular um processo legal, quer seja realizar uma cirurgia ou dirigir um ônibus.

Na meia-idade, a efetividade do córtex pré-frontal sofre uma degradação, e isso tem diversas implicações. A primeira é que a análise rápida e a inovação criativa vão sofrer — exatamente o que era de se esperar ao analisar as evidências sobre declínio.[15] A segunda é que algumas habilidades específicas que ainda eram fáceis se tornam extremamente difíceis, como a de fazer várias coisas ao mesmo tempo. As pessoas mais velhas se distraem com muito mais facilidade do que as mais jovens. Se você tem — ou teve — filhos adolescentes, deve ter se encontrado em uma situação na qual disse a eles que não conseguiriam estudar direito enquanto estivessem escutando música ou trocando mensagens com os amigos. Na verdade, é você quem não consegue fazer isso. De fato, adultos mais velhos podem melhorar sua efetividade cognitiva seguindo o próprio conselho: desligando o celular e a música e indo para um lugar totalmente calmo a fim de pensar e trabalhar.[16]

Outra habilidade é a de se lembrar de nomes e fatos. Quando se tem 50 anos, o cérebro está tão cheio de informações quanto a Biblioteca Pública de Nova York. Enquanto isso, seu bibliotecário pessoal está decrépito, lento e se distrai com facilidade. Quando você solicita alguma informação de que precisa — o nome de alguém, por exemplo —, ele leva um minuto para se levantar, faz uma pausa para tomar café, conversa com um velho amigo e, então, se esquece para onde estava indo.[17] Nesse meio-tempo, você está morrendo de raiva de si mesmo por ter se esquecido de algo que soube por anos. Quando o bibliotecário finalmente volta e diz: "O nome do cara é Mike", Mike já foi embora há muito tempo, e você já está fazendo outra coisa.

Apesar dos aborrecimentos, algumas pessoas lidam bem com o declínio. Veja o caso de Paul Dirac, o físico ganhador do prêmio Nobel que escreveu o triste poema sobre ser obsoleto aos 30 anos. O trabalho mais importante que desempenhou e seus anos de produção mais intensa foram de fato entre os 20 e os quase 40 anos. Depois dos 35, ele continuou sendo um acadêmico ativo e fez alguns bons trabalhos, mas não como antes.

Todavia, ele soube tirar o melhor da situação. No que podemos chamar de um caso de genialidade em idade avançada, aos 70 anos, Dirac deixou a melancólica Cambridge e aceitou uma vaga de professor na Universidade da Flórida. Passou a velhice tomando sol e nadando; todos os dias almoçava na universidade com seus colegas e depois tirava um cochilo. Continuou publicando seus artigos, mesmo sem grandes descobertas. Seu último artigo trata de uma questão que ele nunca conseguiu responder e termina com estas palavras honestas: "Passei muitos anos buscando... e ainda não encontrei. Vou continuar meu trabalho enquanto conseguir, e espero que outras pessoas sigam essas linhas."[18]

Infelizmente, a tranquilidade de Dirac é uma exceção à regra. Veja o caso de Linus Pauling, o único indivíduo a ganhar dois prêmios Nobel não compartilhados em categorias distintas. Assim como Dirac e muitos outros, suas maiores contribuições foram nos 20 anos. Com pouco menos de 40 anos, ele escreveu seu livro mais famoso, *A natureza da ligação química*, que resume seu trabalho da década anterior. Ele ganhou o prêmio Nobel de química em 1954 pelo trabalho sobre ligações químicas que realizara décadas antes.

Pauling continuou fazendo pesquisas científicas depois de suas grandes descobertas, mas começou a dedicar mais tempo ao ativismo público; alguns acreditam que se tratou de um esforço para permanecer sob a luz da ribalta. Depois da Segunda Guerra Mundial, Pauling voltou sua atenção para a cruzada antinuclear. Como um químico ganhador do prêmio Nobel e contemporâneo dos cientistas que desenvolveram a bomba atômica, o movimento antibélico nos Estados Unidos e na Europa o elevaram a uma posição de grande proeminência.

Pauling ganhou o prêmio Nobel da Paz em 1962 por seus esforços em abolir os testes nucleares durante o auge da Guerra Fria. Por razões óbvias, isso o tornou uma figura política controversa: para alguns, era um herói; para outros, um canalha. Estes argumentavam que ele também tinha ganhado — e aceitado — o Prêmio Lenin da Paz da União Soviética, em 1970.

A ânsia de Pauling por relevância acabou levando-o a articular ideias extravagantes e pseudocientíficas. Ele promoveu a eugenia, acreditando que pessoas com certas condições genéticas, tais como anemia falciforme, deveriam ter uma tatuagem em um lugar visível, como um aviso para parceiros em potencial. Sua obsessão pela própria teoria de que as vitaminas podiam curar uma série de doenças, até mesmo o câncer, e aumentar a expectativa de vida ficou famosa. Ele promoveu o que chamou de "psiquiatria ortomolecular" para tratar com altas doses de vitaminas pacientes com doenças mentais.

Você provavelmente já ouviu que altas doses de vitamina C podem prevenir resfriados; essa teoria vem de famosos artigos de Pauling da década de 1970, que foram cientificamente desacreditados muitas vezes, assim como quase todas as suas últimas ideias. De fato, como Stephen Cave, professor de Cambridge, documenta, Pauling passou a ser conhecido como um charlatão em ambientes médicos tradicionais e dedicou boa parte das suas últimas décadas de vida a contestar seus críticos veementemente em revistas científicas.[19]

O sofrimento da irrelevância

Não tenho dúvidas de que a razão para Pauling ter tido tanta dificuldade em lidar com o declínio foi pelo fato de que, conforme suas habilidades decaíam, sua relevância também sofria uma redução segundo a concepção do público. E, sendo ou não famoso, quase nada é pior do que se tornar irrelevante, ou mesmo inútil, para quem antes nos tinha em alta estima. Escutei esse mesmo lamento diversas vezes enquanto fazia pesquisas para compor este livro. Por exemplo, conversei com um negociador de livros raros em Nova York. Ele amava sua profissão e sua carreira. Mas agora... Bem, vou deixar que fale por si:

Trabalhei a vida toda negociando livros raros; comecei aos 24 anos. Fui abençoado: Bob Dylan, John Updike, J. M. Coetzee, Woodward, Bernstein e inúmeros estadistas, como Waugh, Pound, Churchill, Roosevelt. Vinte anos atrás, em um jantar, as pessoas se reuniriam à minha volta para escutar o que eu tinha a dizer; casos de viagens em busca de tesouros literários, negociações. Mas, nos últimos doze anos, passei a me ver através dos olhos das pessoas sentadas do outro lado da mesa. O que elas viam? Temo que tenha que dizer "passado".

Conversei com uma mulher de 50 anos que ocupava um alto cargo administrativo em uma grande universidade.

Se conseguirem refinar tanto os softwares a ponto de reduzir o erro humano até que nossos olhos não sejam mais necessários para checar duas vezes um trabalho, eu não terei mais emprego. Sei que tenho mais uns cinco ou dez anos pela frente... Por enquanto, quando estou no trabalho, tento esconder meu declínio, embora tenha consciência de que não posso fazê-lo para sempre. Quero tempo suficiente para fazer mudanças sem que minha renda seja comprometida, mas, se eu for demitida um dia, ah, bem... é vida que segue... ou não.

Considere o que uma bem-sucedida jornalista com cerca de 50 anos disse:

Em muitos dias, não tenho ânimo para mergulhar em mais dez horas de trabalho árduo. O sono perdido e as muitas viagens cobram um preço do nosso corpo. Nós costumávamos nos recuperar rápido. Não mais. O verdadeiro declínio aconteceu com a maioria dos meus colegas após os 40 anos. Do meu ponto

Seu declínio profissional está (muito) mais perto do que você pensa 35

de vista, de fora, parecia que o cansaço tinha tomado conta. Eles se arrastavam pela porta para fazer uma matéria sobre uma reunião da câmara municipal/um acidente de carro/um assassinato, coisas que já tinham feito centenas de vezes no decorrer dos anos. Estavam cansados.

Em 2007, uma equipe de pesquisadores da Universidade da Califórnia, em Los Angeles, e da Universidade de Princeton, recolheu e analisou dados sobre mais de mil idosos. Suas descobertas, publicadas pela revista *Journal of Gerontology*, mostraram que cidadãos mais velhos que nunca ou raramente "se sentiam úteis" tinham quase três vezes mais chances de desenvolver uma deficiência leve e mais de três vezes mais chances de morrer durante o estudo do que aqueles que com frequência se sentiam úteis.

Você pode argumentar que as lembranças da relevância que se teve no passado deveriam ser suficientes para nós. É uma suposição comum que as pessoas fazem quando tentam acumular dinheiro, poder e prestígio — que elas podem "conseguir" de uma vez por todas. De acordo com esse raciocínio, a vida é uma caça ao tesouro: vá e encontre o pote de ouro, e então você poderá desfrutar dele e ser feliz pelo restante da vida, mesmo depois que os seus dias de glória estejam no passado. Fique rico e se aposente cedo. Torne-se famoso e aproveite os frutos mesmo depois que a fama passar. Na minha profissão, consiga uma posição vitalícia e tudo estará resolvido. Então, quando o sucesso diminuir, você poderá curtir as lembranças do que conquistou.

Por esse padrão, o homem no avião do qual falei na Introdução deveria ser o cara mais feliz do mundo. Ele era rico, famoso e respeitado pelo que realizara muito tempo antes. Tinha ganhado a corrida! O mesmo vale para Darwin e Pauling. Mas eles não continuaram felizes, porque esse modelo está errado. Baseia-se em uma concepção completamente equivocada de esforço humano. Na verdade, se o homem no avião tivesse tido uma vida "comum" — se nunca tivesse conquistado nada de extraordinário —, talvez não se sentisse tão miseravelmente irrelevante hoje em dia.

Podemos chamar isso de "princípio da gravitação psico-profissional": a ideia de que o sofrimento do declínio está diretamente relacionado ao prestígio já alcançado e ao apego emocional do indivíduo a esse prestígio.[20] Se você tem baixas expectativas e nunca se esforça muito na sua carreira (ou se esforça, mas mantém um nível zen de apego ao prestígio profissional), talvez não sofra muito quando passar pelo declínio. Mas, se conseguiu atingir a excelência e investiu pesado nela, poderá se sentir bastante irrelevante quando, de forma inevitável, despencar de toda essa altura. E isso causa um sofrimento.

Grandes dons e conquistas em idade tenra simplesmente não são uma apólice de seguro que garante a ausência de dor mais tarde na vida. Pelo contrário, estudos indicam que pessoas que buscaram poder e realizações na vida profissional tendem a ser mais infelizes depois da aposentadoria do que as que não buscaram.[21]

O simples fato de ser identificado como talentoso cedo na vida pode levar ao surgimento de problemas, segundo Carole e Charles Holahan, psicólogos da Universidade do Texas, em Austin.[22] Eles analisaram centenas de idosos que foram identificados publicamente como muito talentosos ainda bastante jovens. A conclusão dos Holahan foi a seguinte: "Descobrir cedo na vida que se tem uma superdotação intelectual por

Seu declínio profissional está (muito) mais perto do que você pensa 37

meio de um estudo sobre o assunto está relacionado a... um bem-estar psicológico menos favorável aos 80 anos de idade."

Talvez o estudo dos Holahan só demonstre que é duro viver de acordo com altas expectativas e que dizer ao seu filho que ele é uma sumidade não é uma boa forma de exercer seu papel de pai ou mãe. Entretanto, também há evidências de que realizações importantes afetam negativamente as pessoas quando chegam ao fim. Considere o caso de atletas profissionais, muitos dos quais passam por dificuldades depois que se aposentam da carreira nos esportes. Existem diversos exemplos trágicos, envolvendo vício ou suicídio; ex-atletas infelizes são quase uma norma, pelo menos temporariamente. Perguntei à ginasta Dominique Dawes, medalhista de ouro nas Olimpíadas de 1996, como é a vida depois de competir e vencer em um esporte de alta performance. Ela me disse que curtia sua vida "normal", mas que não fora fácil se ajustar, e ainda não é. Ela declarou: "Meu eu olímpico pode arruinar o meu casamento e fazer com que meus filhos se sintam incomodados. Viver a vida cotidiana como se fossem as Olimpíadas só faz com que a vida daqueles que estão à nossa volta se torne infeliz." A vida pós-olímpica de Dawes foi minuciosamente arquitetada para evitar as armadilhas nas quais as pessoas caem depois de grandes feitos; ela tem um bom casamento, filhos e segue sua fé católica com muita seriedade. Ela não vive no passado. Muitas outras estrelas não se saíram tão bem.

O fato de não ser possível armazenar nossas glórias para curti-las muito depois leva à *insatisfação* — um problema que vamos confrontar mais à frente neste livro. Os humanos não foram criados para aproveitar suas conquistas por muito tempo depois que elas acontecem. É como se estivéssemos andando em uma esteira; a satisfação do sucesso dura apenas um instante. Não podemos parar para desfrutá-la; se fizermos isso, tropeçamos e somos eliminados. Por isso, não paramos de correr, esperando que o próximo sucesso, maior que o anterior, traga a satisfação duradoura pela qual ansiamos.

Portanto, o problema do declínio é um golpe duplo: precisamos de sucessos cada vez maiores para evitar a insatisfação, mas nossas habilidades para conquistá-los estão em um movimento de derrocada. Não, na verdade é um golpe triplo, porque, conforme tentamos nos manter em um alto nível, caímos em padrões de comportamento de vício, tais como o *workaholism* — o vício em trabalho —, que deixa os obstinados com padrões doentios de relacionamento e prejudica o desenvolvimento de vínculos mais profundos com cônjuges, filhos e amigos. Quando a queda acontece, não tem ninguém lá para nos ajudar a levantar e sacudir a poeira.

Isso faz com que muitos realizadores caiam em um círculo vicioso: ficam aterrorizados com o declínio, insatisfeitos com vitórias que se tornam cada vez menos frequentes, presos aos sucessos que estão cada vez mais no passado e isolados dos outros. E o mundo não está disposto a ajudá-los. Ninguém sente pena de uma pessoa bem-sucedida. O sofrimento de um obstinado que dispõe de uma vida confortável desperta o desdém dos outros.

Ainda assim, é real.

Para onde vamos depois que sairmos daqui

Eis a conclusão, companheiro obstinado: quando se trata das habilidades invejáveis que você se esforçou tanto para desenvolver e que lhe permitiram ter sucesso na sua área, já

Seu declínio profissional está (muito) mais perto do que você pensa 39

fique à espera de um declínio significativo entre os 30 e os quase 60 anos, no máximo. É assim e pronto, e não é nada divertido. Sinto muito. Então, o que você vai fazer a respeito? Existem apenas três portas pelas quais você pode passar agora:

1. Pode negar os fatos e se enfurecer com o declínio... cavando a própria cova, cheia de frustração e decepção.
2. Pode não ligar e se entregar ao declínio... e experenciar o envelhecimento como uma tragédia inevitável.
3. Pode aceitar que aquilo que o trouxe até aqui não o levará ao futuro... e que você precisa desenvolver novas habilidades e pontos fortes.

Se você escolher a porta número 3, parabéns. Há um lindo futuro à sua espera. Mas ele demanda muitas novas habilidades e uma nova forma de pensar.

CAPÍTULO 2

A segunda curva

O DECLÍNIO É INEVITÁVEL. Ponto-final. No entanto, envelhecer não é tão ruim (e não estou falando sobre netos e um condomínio fechado à beira-mar, embora essas coisas também devam ser legais). Na verdade, existem algumas áreas específicas nas quais vamos ficando mais inteligentes e habilidosos. O segredo para melhorarmos conforme envelhecemos é compreender, desenvolver e praticar esses novos pontos fortes. Se você quiser — e vou ensinar como, não se preocupe —, pode transformar o declínio em um novo sucesso incrível.

Você já percebeu que as pessoas quase nunca se tornam menos articuladas conforme envelhecem? Elas tendem a ter um vocabulário mais rico do que quando mais jovens. Isso acarreta uma série de habilidades. Elas ficam melhores em passatempos do tipo palavras cruzadas, por exemplo, e podem se sair bem em aprender outros idiomas — não em desenvolver o sotaque perfeito, mas em construir um vocabulário e compreender a gramática. Os estudos confirmam essas

A segunda curva 41

observações: as pessoas mantêm e expandem o vocabulário — no idioma nativo e nos estrangeiros — até o fim da vida.[1] De forma similar, talvez você perceba que, com a progressão da idade, as pessoas se aprimoram em combinar e se valer de ideias complexas.[2] Ou seja, elas podem não ser capazes de desenvolver invenções maravilhosas ou resolver problemas com a mesma velocidade de antes, mas são muito melhores em usar os conceitos que conhecem e expressá-los aos outros. Também se aperfeiçoam em interpretar e expressar ideias alheias — às vezes até mesmo para os próprios idealizadores.

Eu pude comprovar isso em minha vida. Morei na Espanha durante a juventude e visito Barcelona há pelo menos mais de trinta anos. Há dois idiomas oficiais na cidade — o espanhol e o catalão —, que eu falava bem quando morava lá, mas que acabaram ficando um pouco enferrujados quando voltei a residir nos Estados Unidos. Estranhamente, percebi que a minha habilidade em ambos os idiomas se aprimorou quando eu tinha uns 50 anos, e agora está melhor do que quando eu vivia lá. De forma parecida, enquanto cientista social, sou melhor em contar uma história a partir de dados hoje do que no começo da minha carreira. Embora eu duvide que conseguiria escrever os trabalhos acadêmicos que um dia fui capaz — às vezes até tenho dificuldade em entender a matemática da minha pesquisa de duas décadas passadas —, consigo afirmar como as ideias se relacionam umas às outras e como aplicá-las em sua vida. Por isso estou escrevendo este livro, e não um artigo acadêmico de matemática incompreensível. Quando eu era mais jovem, inventava ideias; agora, eu as sintetizo — tanto as minhas quanto as dos outros.

Essas habilidades que surgem mais tarde na vida favorecem algumas profissões específicas. Por exemplo, matemáticos teóricos tendem a atingir o auge e entrar em declínio logo cedo, exatamente como os dados de Simonton previam. Mas profissionais da matemática aplicada (que a utilizam, por exemplo, para solucionar problemas de negócios) atingem o auge mais tarde, porque são especialistas em combinar e usar ideias que já existem — uma habilidade que favorece as pessoas mais velhas. Pense nos historiadores, montadores por excelência de fatos e ideias existentes. Por mais estranho que pareça, eles fogem do intervalo típico do declínio, alcançam o auge em uma média de 39,7 anos após o início da carreira. Reflita sobre o que isso implica: digamos que você vai seguir a carreira de historiador profissional e terminar seu Ph.D. aos 32 anos. O lado ruim é que com 50 anos você ainda será inexperiente; mas tem o lado bom também: aos 72, você ainda terá metade da carreira pela frente! É melhor cuidar da saúde, para que, então, você possa escrever seus melhores livros aos 80 anos.

Se encarar esses fatos como aleatórios, você terá pouca estratégia prática para a vida, além de, talvez, começar a participar de campeonatos de palavras cruzadas ou trabalhar no seu Ph.D. em história. Entretanto, eles não são aleatórios — de forma alguma. No fim da década de 1960, um psicólogo britânico chamado Raymond Cattell se dispôs a encontrar uma explicação para por quê tudo isso acontece.[3] Ele conseguiu, e essa resposta pode acabar com a maldição do obstinado — e mudar a sua vida.

Duas inteligências

Em 1971, Cattell publicou um livro com o título: *Abilities: Their Structure, Growth, and Action* [Habilidades: sua estrutura, evolução e aplicação, em tradução livre]. Nele, o psicólogo postulou que as pessoas têm dois tipos de inteligência, mas em quantidades maiores em momentos distintos da vida.

A primeira é a *inteligência fluida*, que Cattell definiu como a habilidade de raciocinar, pensar com flexibilidade e resolver novos problemas. Isso é o que costumamos chamar de inteligência bruta e os pesquisadores descobriram que está associada às habilidades de leitura e matemática.[4] Os inovadores costumam ter bastante inteligência fluida. Cattell, que era especialista em testes de inteligência, observou que ela chegava ao auge no começo da vida adulta e ia decaindo rapidamente a partir da faixa entre 30 e 40 anos.[5]

Com base nessa descoberta, Cattell acreditava que os mais jovens são naturalmente os melhores inovadores quando se trata de ideias novas e em seu estado mais bruto. Se fosse vivo hoje (ele morreu em 1998, com a idade madura de 92 anos), ele leria o que escrevi até aqui e logo diria que o declínio profissional de que estou falando — as habilidades iniciais que somem rápido demais — vem da inteligência fluida na qual quase qualquer pessoa bem-sucedida que trabalha duro confia no começo da carreira.

Se você obteve sucesso profissional no começo da carreira, e sua profissão envolvia novas ideias e resolução de problemas difíceis — o que é o caso da maioria das pessoas que está lendo este livro, eu poderia apostar —, você tem que agradecer à inteligência fluida (e ao trabalho duro, e talvez aos seus pais e à sorte). Os jovens bem-sucedidos em quase todos os setores da indústria moderna contam com a inteligência fluida. Eles aprendem rápido, se concentram no que importa e criam soluções. Infelizmente, como vimos em detalhes, de forma geral não é possível manter esse padrão à medida que o envelhecimento ocorre — o que, mais uma vez, deve ser o motivo de você estar lendo este livro.

Entretanto, esse não é o fim da história, e é aqui que a obra de Cattell fica mais importante. A inteligência fluida não é a única — também existe a *inteligência cristalizada*, definida como a habilidade de utilizar o conhecimento aprendido no passado. Pense mais uma vez na metáfora da grande biblioteca. Dessa vez, no entanto, em vez de se irritar com a lentidão do bibliotecário, maravilhe-se com o tamanho da coleção de livros pela qual seu bibliotecário circula, e com o fato de que ele sabe onde encontrar uma obra, mesmo que leve um tempo. A inteligência cristalizada, que conta com a bagagem de conhecimento adquirido, tende a aumentar com a idade, conforme a pessoa chega e passa pelos 40, 50, 60 anos — e não diminui até bem tarde na vida, se é que diminui.

O próprio Cattell descreveu as inteligências desta forma: "[Inteligência fluida] é conceituada como a habilidade descontextualizada de resolver problemas abstratos, enquanto a inteligência cristalizada representa o conhecimento que uma pessoa adquiriu durante a vida com a cultura e o aprendizado."[6] Tradução: quando você é jovem, tem inteligência bruta; quando é velho, tem sabedoria. Quando é jovem, pode criar vários fatos; quando é velho, sabe o que eles significam e como usá-los.

Vamos analisar em partes. Cattell está nos dizendo que a curva do sucesso na Figura 1 do capítulo anterior é, para todos os propósitos, a curva da inteligência fluida, que aumenta até a pessoa chegar aos 30 anos, mais ou menos, e então vai diminuindo nos 40 e 50 anos. Enquanto isso, tem outra curva escondida atrás dessa, a da inteligência cristalizada, que cresce no meio e no fim da idade adulta. A Figura 2 dá uma ideia de como ela é.

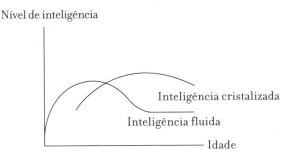

Figura 2: Curvas da inteligência cristalizada e da inteligência fluida

Essa é uma grande descoberta para você e para mim — enorme, na verdade. Ela mostra que, se sua carreira só depende da inteligência fluida, a verdade é que o seu declínio vai se dar cedo. Entretanto, se a sua carreira requer inteligência cristalizada — *ou, se você pode dar um novo propósito à sua vida profissional para contar mais com a inteligência cristalizada* —, o seu auge virá mais tarde, porém seu declínio acontecerá muito mais tarde também, se é que virá. E se você puder se deslocar de um tipo para o outro... bem, então você decifrou o código.

E as curvas de carreira descritas anteriormente? Em alguns casos, como o dos empreendedores de tecnologia, a curva da carreira é efetivamente a mesma daquela da inteligência fluida, motivo pelo qual o declínio acontece tão cedo. Outras áreas, porém, exigem uma mistura dos tipos de inteligência, empurrando o auge da carreira mais para a frente. E, em algumas carreiras que contam quase inteiramente com uma grande biblioteca mental e a habilidade de usá-la, o auge se dá bem mais tarde na vida.

É quase certo que você perceberá o declínio na parte da inteligência fluida. Entretanto, conforme os anos passam, sempre existe a habilidade de redefinir sua carreira de modo a contar menos com *inovação* e mais com *instrução*, o que permite se valer dos pontos fortes da idade para se manter no jogo. Isso é mais fácil em algumas profissões do que em outras. O estudo da história, por exemplo, é uma carreira que requer grande quantidade de conhecimento armazenado e sabedoria para sintetizá-lo; é uma área composta praticamente de inteligência cristalizada.

Existem, no entanto, outras profissões mais comuns que a de historiador. Em particular, temos a de professor, que, mais uma vez, exige a habilidade e o dom de explicar uma grande quantidade de informações acumuladas. Não é de se espantar que essa área favoreça os mais velhos em detrimento dos mais novos. Um estudo publicado no periódico *The Chronicle of Higher Education* mostrou que os professores universitários mais velhos costumavam ter as melhores avaliações em seus departamentos.[7] Esse padrão foi observado sobretudo nas áreas de humanidades, em que os professores tiveram suas piores avaliações no começo da carreira e melhoraram quando chegaram por volta dos 60 ou 70 anos. (Uma dica para os universitários que estão lendo este livro: escolham as disciplinas ministradas pelos professores mais velhos.)

É provável que esse sucesso tardio explique parcialmente a longevidade profissional dos professores universitários, dos quais 75% planejam se aposentar depois dos 65 anos (enquanto a idade média de aposentadoria nos Estados Unidos é de 62).[8] Eu me lembro de uma conversa que tive no meu primeiro ano depois de graduado, quando era professor assistente de um docente de quase 70 anos. Perguntei se ele já tinha considerado

A segunda curva 47

se aposentar. Ele riu e me respondeu que era mais provável que deixasse as salas de aula em um caixão.

Talvez o reitor desse uma gargalhada pesarosa ao escutar tal comentário — os administradores de universidades costumam reclamar de que há uma queda notável da produtividade de pesquisa (que depende da inteligência fluida, principalmente para o trabalho analítico) entre o corpo docente titular nas últimas décadas de carreira. Professores mais velhos ocupam as vagas que, em outras circunstâncias, poderiam ser direcionadas a acadêmicos mais jovens ansiosos por desenvolver suas respectivas pesquisas (e que estão transbordando inteligência fluida). Mas existe uma saída para essa situação. A questão não é como estimular os professores mais velhos a escrever artigos mais complicados em periódicos acadêmicos; e sim como adequar o trabalho deles ao ensino sem perda do status profissional.

A ideia de começar a lecionar em um momento mais tardio na vida é um tema recorrente na literatura mundial. "'Assim como com uma vela acesa se acende outra'", diz o professor idoso de tiro com arco no famoso livro de Eugen Herrigel, *A arte cavalheiresca do arqueiro zen*, "o mestre transmite o genuíno espírito da arte, de coração a coração, para que eles se iluminem".

Considere a sabedoria de Marco Túlio Cícero, o estadista, advogado, erudito e filósofo do século I a. C. que é a voz mais importante e preservada daquele período pertinente até hoje: foi ele quem escreveu três quartos da literatura latina que resistiu de sua época.[9] Em seu último ano de vida, ele escreveu uma carta aberta ao seu filho sobre as responsabilidades de uma pessoa correta, intitulada *Dos deveres*. A maior parte do material trata das obrigações de um jovem, mas Cícero também explica sobre a vocação na segunda metade da vida.

Os velhos... devem, ao que parece, ter seu trabalho físico reduzido; suas atividades mentais, porém, devem aumentar. Eles também devem se esforçar para que sua sabedoria possa ser de tanto serviço quanto possível para seus amigos e para os jovens e, acima de tudo, para o Estado.[10]

Cícero acreditava em três ideias a respeito da idade avançada. A primeira é que ela deve ser dedicada ao *serviço*, e não ao ócio. A segunda, que nosso maior dom quando mais velhos é a *sabedoria*, e é nesse momento que o aprendizado e o pensamento criam uma visão de mundo que pode enriquecer os outros. E a terceira, que nossa habilidade natural nesse momento é *aconselhar*: guiar, dar conselhos e ensinar quem está ao seu redor, e não acumular recompensas mundanas como dinheiro, poder ou prestígio.

A propósito, Cícero não deu apenas bons conselhos; ele os vivenciou — e morreu praticando-os. Ele viveu em uma época perigosa para os intelectuais. Hoje em dia, nós reclamamos da cultura do cancelamento; Cicero foi *assassinado* aos 63 anos por causa de suas ideias que condenavam o governo (especificamente, suas críticas a Marco Antônio depois do assassinato de Júlio César). Devido aos seus pontos de vista políticos, ele fugiu para se proteger, mas foi capturado por um centurião romano. Quando estava prestes a morrer, no apogeu da inteligência cristalizada, ele continuou sendo um professor até o último suspiro. "Não há nada de adequado no que está fazendo, soldado", disse Cícero ao centurião. "Mas tente me matar adequadamente."[11]

O dom de ensinar proveniente da inteligência cristalizada estava na minha mente uns dois anos atrás quando ministrei uma palestra para os funcionários de uma famosa empresa de tecnologia do Vale do Silício. Depois de ouvir minhas considerações, um jovem na plateia me pediu que ponderasse sobre o problema da diversidade na área dele. O jovem se referia à falta de minorias étnico-raciais e de mulheres na engenharia, e fiquei feliz em falar sobre esse assunto. Mas então aproveitei a oportunidade para perguntar se alguém do setor dele, dominado por jovens, já havia pensado sobre diversidade etária.

— Vocês têm um número suficiente de pessoas mais velhas trabalhando aqui? — perguntei.

A resposta dele foi instrutiva:

— Você quer dizer pessoas com mais de 30 anos?

Sem comentários.

A questão não é encontrar emprego para os mais velhos, e sim colher a sabedoria e a experiência de quem já viu muito, já cometeu todos os piores erros possíveis, e pode ensinar aos mais jovens antes que eles cometam enganos que poderiam ser evitados. Nos últimos anos, as empresas de tecnologia dominadas por jovens vêm sendo atingidas por escândalos e perdendo a admiração do público. Enquanto antes elas eram veneradas como o futuro do capitalismo, hoje seus produtos são encarados como prejudiciais, e seus líderes, como egoístas e infantis. Executivos mais velhos de outras áreas apenas balançam a cabeça em reprovação para os erros aparentemente óbvios que os jovens empreendedores da área de tecnologia cometem.

Então, do que os jovens figurões precisam? De pessoas mais velhas nas equipes de produtos, no marketing e nas posições de comando. Eles precisam não apenas de ideias geniais como também da verdadeira sabedoria que só pode ser adquirida depois de anos na escola da vida.

As alegrias da segunda curva

A existência da segunda curva é uma ótima notícia para todos nós. Primeiro porque agora temos uma explicação para o típico retrocesso das habilidades em pessoas com mais de 40 anos. Em outras palavras, se você tem a minha idade ou mais, não é só com você. Segundo, porque há uma segunda onda para o sucesso passível de ser surfada que favorece as pessoas mais velhas. Terceiro porque, de acordo com a maioria das estimativas, o que você ganha com a segunda onda é mais valioso (embora menos lucrativo e prestigioso) do que o que ganha com a primeira. Afinal, é como diz o ditado: "Conhecimento é saber que tomate é uma fruta; sabedoria é saber que não se deve colocá-lo em uma salada de frutas."* Ou, em um tom mais bíblico: "Ensina-nos a contar os nossos dias para que o nosso coração alcance sabedoria."[12]

Se você está vivenciando o declínio na inteligência fluida — e, se tem a minha idade, você *está* —, isso não significa que esteja obsoleto; significa que é hora de saltar da curva da inteligência fluida para a da inteligência cristalizada. Aqueles que lutam contra o tempo estão tentando dobrar a curva antiga em vez de adentrar a nova. Mas é quase impossível dobrá-la, e é por isso que as pessoas não costumam ter sucesso e ficam tão frustradas.

Então por que continuam tentando de novo e de novo? Por duas razões: porque elas não têm consciência de que a tendência natural da primeira curva é descer, e por isso acham que há alguma coisa errada *consigo mesmas*; e porque não sabem que existe outra curva que as levará para um novo tipo de sucesso.

---

* Essa máxima foi creditada a diversas pessoas no decorrer dos anos.

A segunda curva

E, mesmo se elas suspeitarem que existe outra curva ali, pode ser difícil e assustador saltar de uma para a outra. Mudar de vida e carreira — tornar-se algum tipo de mestre, seja lá o que isso signifique na área delas — exige coragem e força. Nem todo mundo quer fazer isso. Muitos se recusam. Para aqueles que saltam, no entanto, a recompensa é quase sempre enorme. Ao entrevistar pessoas para compor este livro, descobri que, invariavelmente, as que são mais felizes e satisfeitas aos 50, 60 e 70 anos são aquelas que deram o salto. Eis alguns exemplos, começando por um atuário de 58 anos. Ele me disse o seguinte:

Estou em um ponto da minha carreira em que quero me aposentar, não como uma chance de parar de trabalhar, e sim como uma oportunidade de trabalhar em outras coisas que venho descobrindo terem se tornado muito importantes para mim. Além do meu trabalho durante o dia, estou dando aulas de matemática financeira uma noite por semana em uma universidade. Acho isso muito gratificante, pois levo a sabedoria adquirida ao longo da minha extensa carreira para essas mentes jovens e ansiosas. Eles têm sede de conhecimento, e gosto de me encontrar com eles e ajudá-los a ver o que há além dos livros.

Uma jornalista que atuava na televisão me disse algo parecido, depois de se aposentar e começar a lecionar em uma pequena universidade:

Eu me sinto sortuda por estar inserida no meio acadêmico, que parece ser um ambiente que valoriza as pessoas mais velhas. Sou relativamente jovem se comparada a alguns dos professores com quem trabalho, e eles são fascinantes e brilhantes. Essa é uma das diferenças mais maravilhosas entre a TV e aqui. Adultos são valorizados, assumem papéis de liderança e seu conhecimento é apreciado. Como a TV depende da inovação, isso se torna inviável.

Seja como Bach

No capítulo anterior, dei alguns exemplos de obstinados famosos na história — Charles Darwin, Linus Pauling — que desconheciam a segunda curva ou simplesmente não foram capazes de saltar de uma para a outra. Entretanto, existem outros exemplos de pessoas que deram saltos espetaculares. Meu exemplo favorito de declínio involuntário seguido da alegria de encontrar a segunda curva vem do grande compositor Johann Sebastian Bach.

Nascido em 1685, em uma família de músicos famosos na região central da Alemanha, J. S. Bach rapidamente se distinguiu como um gênio musical único. Ao longo de sua vida, criou mais de mil composições para todos os instrumentos disponíveis na época.[13] As melhores cantatas para orquestra e coral já escritas pareciam jorrar de sua pena; seus concertos são composições perfeitas; suas obras no piano são simples e elegantes.

Bach é meu compositor favorito. Amo tanto a música dele que, quando criança, mostrava para as pessoas, todo orgulhoso, que, traduzido para o inglês, "Bach" é o sobrenome "Brook", ou sua forma mais comum, "Brooks". Coincidência?

E não estou sozinho em meu amor por Bach. Pablo Casals, grande violoncelista espanhol do século XX que apresentou as suítes de Bach em violoncelo para públicos de todo o mundo,

A segunda curva 53

disse o seguinte sobre seu herói da música: "Despir a natureza humana até que seus atributos divinos fiquem evidentes, tratar de atividades ordinárias com fervor espiritual, dar asas eternas ao que é mais efêmero; tornar humanas coisas divinas e divinas coisas humanas; assim é Bach, o maior e mais puro músico de todos os tempos."[14]

Ou, como o compositor Robert Schumann colocou: "A música deve tanto a Bach quanto a religião ao seu fundador." Não tenho certeza se eu iria tão longe quanto Schumann, comparando Bach a Jesus, mas, sério, quando terminar este capítulo, escute "A Paixão Segundo São Mateus" ou "Missa em Si Menor", que, aliás, estou escutando enquanto escrevo estas palavras. Você vai entender por que alguns o chamam de "Quinto Evangelista".

A produção prodigiosa de Bach não se limitava à música. Ele teve vinte filhos, sete com a sua amada primeira esposa, Maria Barbara, que morreu tragicamente aos 35 anos, e outros treze com a segunda, Anna Magdalena. Apenas dez dos filhos de Bach chegaram à idade adulta, e, desses, quatro se tornaram compositores que conseguiram uma fama própria significativa. O mais famoso foi Carl Philipp Emanuel, conhecido como C. P. E. para as gerações seguintes.[15]

O vernáculo musical de J. S. Bach foi alto barroco. No começo da carreira, ele era considerado por muitos o melhor compositor desse estilo de todos os tempos. Encomendas chegavam aos montes; a realeza corria atrás dele (mais especificamente, o príncipe Leopoldo de Anhalt-Köthen); compositores mais jovens imitavam seu estilo. Com uma proeminência cada vez maior, ele vivia com sua grande e amada família.

Mas sua fama e glória não duraram — em grande parte porque sua carreira foi superada por eventos musicais introduzidos por um jovem em ascensão que o tirou dos holofotes ao tornar o barroco tão obsoleto quanto a música *disco*. Esse usurpador não foi ninguém menos do que o próprio filho de J. S., C. P. E.

Desde cedo, C. P. E. demonstrou que tinha o mesmo talento musical do pai. Conforme se desenvolvia, ele passou a dominar o estilo barroco, mas seu fascínio era pelo estilo musical "clássico" moderno que todo mundo queria escutar. A fama dele aumentou com a popularidade do estilo clássico; enquanto isso, a música barroca passou a ser considerada antiquada e enfadonha, assim como seus compositores, incluindo J. S. Bach, que não quis, ou não foi capaz, compor no novo estilo.

E, em um piscar de olhos, C. P. E. substituiu o pai como a celebridade musical da família.

Nas últimas décadas da vida de J. S. (e no século seguinte), C. P. E. foi considerado o melhor músico da família Bach. Joseph Haydn e Ludwig van Beethoven admiravam C. P. E. e escutavam sua música. O próprio Wolfgang Amadeus Mozart disse: "Bach é o pai, nós somos os filhos", se referindo a C. P. E., não a J. S.

J. S. Bach poderia facilmente ter ficado amargurado, como Darwin, sentindo-se excluído do círculo musical após uma carreira na vanguarda. Em vez disso, sentia orgulho da originalidade do filho e replanejou a própria vida, abandonando o posto de músico inovador para se tornar um mestre. Ele passou os últimos dez anos de vida trabalhando, entre outros projetos, na obra *A arte da fuga*, uma coleção de fugas e cânones baseada em um único tema com a intenção de ensinar as técnicas de composição do barroco.

A arte da fuga foi escrita como um tipo de livro didático. Cem anos depois da morte de Bach, ela foi redescoberta e começou a ser apresentada para o público. Hoje em dia, é comum escutá-la em concertos. Imagine um livro didático

A segunda curva 55

tão lindo que é considerado uma obra de literatura, ou mesmo poesia. Essa é a grandeza de J. S. Bach. Mas uma façanha tão incrível quanto essa foi a sua resiliência individual. Ele vivenciou o declínio como inovador musical, longe de se sentir frustrado e deprimido, J. S. Bach seguiu o restante de sua vida como um pai feliz e se reinventou como professor. J. S. morreu trabalhando em sua obra-prima... literária. O manuscrito para seu Contraponto 14 de *A arte da fuga* ficou pela metade. Ninguém menos do que C. P. E. acrescentou as seguintes palavras alguns anos depois: *"Über dieser Fuge... ist der Verfasser gestorben"* ("Neste ponto na fuga... o compositor morreu").[16] A obra também terminou como uma piada interna da família. Bach usou esta sequência de notas: B♭—A—C—B♮ na fuga. Em alemão, B♭ é simplesmente "B" e B♮ é "H."* Em outras palavras, Bach estava usando B-A-C-H como tema musical. E, pela vontade do destino, essas foram as últimas notas que ele escreveu. Final forte.

Agora, lembre-se da vida de Charles Darwin. Em teoria, esses dois homens incríveis são parecidos. Ambos descobriram seus respectivos dons de forma prematura e conseguiram fama com suas inovações e realizações. Também desfrutaram de imenso respeito mesmo depois que suas inovações foram superadas por acontecimentos posteriores. E ambos conquistaram fama permanente — J. S. Bach obscureceu todos os outros compositores de sua época (incluindo C. P. E.) e é a preferência popular mesmo entre ouvintes casuais de

---

* Embora o sistema de referência das notas musicais seja diferente no português e no inglês, optou-se por manter no texto o sistema em inglês a fim de que a intenção de Bach em usar as notas para compor seu sobrenome não se perdesse. A correspondência entre os sistemas é: A = Lá / B = Si / C = Dó / D = Ré / E = Mí / F = Fá / G = Sol. (N. de E.)

música clássica. Darwin é popularmente conhecido como um dos grandes cientistas da história (enquanto a maioria das pessoas nunca ouviu falar de Gregor Mendel).

A diferença entre eles está na forma como administraram a própria vida — na abordagem ao lidar, na meia-idade, com o declínio profissional como *inovadores*. Quando Darwin encontrou um obstáculo, ficou desanimado e deprimido, e passou o restante da vida na tristeza. Como a maioria das pessoas, ele não procurou nem encontrou sua segunda curva, então tudo que viu no fim da vida foi um declínio.

Enquanto isso, quando Bach se deparou com a segunda parte da sua curva de inteligência fluida, saltou de cabeça na inteligência cristalizada e não olhou para trás. Quando foi superado como inovador, se reinventou como professor. Ele morreu amado, satisfeito, respeitado — senão tão famoso quanto antes — e, pelo que todos dizem, feliz.

"Estude Bach", disse o grande compositor Johannes Brahms um século depois da morte de Bach. "Ali, você encontrará tudo."[17] Por causa de seu lindo texto em *A arte da fuga*, compositores de todos os séculos posteriores puderam compreender e recriar as técnicas do alto barroco. J. S. Bach demonstra como construir uma fuga ou um cânone de forma tão nítida que qualquer aluno consegue reproduzir — não como o mestre, mas, pelo menos, de uma maneira rudimentar.

E eu digo o mesmo sobre a conduta exemplar que ele seguiu, na qual sua vocação foi moldada perfeitamente por suas habilidades mutáveis — e, assim, foi cheia de alegria, amor e atos de serviço aos outros. Vamos seguir o conselho de Brahms não apenas para a música. Estudemos Bach para melhorar nossa vida também.

Todos nascemos com dons. Alguns os descobrem quando jovens, como J. S. Bach, que deixou a sua marca ainda adolescente,

A segunda curva

aos 15 anos, ao tocar obras que muitos juravam ser impossíveis em um órgão, e chegou à fama como compositor com pouco mais de 20 anos. Alguns descobrem sua vocação mais tarde, como tantos alunos meus, que começam a ter sucesso muito tempo depois de graduados. Outros encontram o dom apenas depois de perceberem que estavam seguindo na direção errada, como um empreiteiro que entrevistei, que descobriu sua paixão por construção depois de completar sua educação em ciências. Ou como eu — totalmente convencido de que a música era minha vocação até ser arrancado da certeza e precisar olhar à minha volta, encontrando-a no mundo das ciências sociais.

Não importa como você descobre sua paixão, procure-a desde cedo com uma chama incandescente, oferecendo-a ao bem do mundo. Mas não se prenda ao seu sucesso — esteja pronto para mudar conforme suas habilidades. Mesmo se seu prestígio mundano entrar em queda, apoie-se nas mudanças. Lembre-se: cada mudança das circunstâncias é uma chance de aprender, crescer e criar valor. Este capítulo mostra que não se trata de fazer o melhor a partir de uma situação ruim; é uma questão de não perder a grande oportunidade que só chega mais tarde na vida.

J. S. Bach não fazia ideia de que sua obra como professor seria redescoberta um século depois de sua morte e tocada em concertos por todo o mundo, consagrando-o para milhões como o maior compositor de todos os tempos. Ele simplesmente achou que estava fazendo o melhor uso de seu dom ao ensinar com maestria o que amava e comemorar o prestígio crescente dos filhos. Sem saber, ele saltou de uma curva para a outra.

Dedique a segunda metade da sua vida a servir os outros com sua sabedoria. Envelheça compartilhando as coisas que acredita serem as mais importantes. A excelência é sempre a própria recompensa, e é assim que você pode alcançar uma excelência maior ao envelhecer.

Saltando na segunda curva

Então, eis aqui o segredo, companheiro obstinado: agarre a sua segunda curva. Salte do que compensa na inteligência fluida para o que compensa na inteligência cristalizada. Aprenda a usar a sua sabedoria.

É óbvio que não posso apenas deixá-la para trás. Uma coisa é saber que a sua próxima tarefa é entrar na segunda curva. Outra é — *eita!* — realmente saltar da primeira curva. É difícil porque se trata justo do que os obstinados *não* fazem: eles não desistem; trabalham com mais afinco. Mas você viu os dados, e dados não mentem. Trabalhar com mais afinco não resolve tudo.

Portanto, o restante deste livro é dedicado a ajudá-lo a dar o salto. Primeiramente, vou mostrar as três forças que o estão segurando e como detoná-las. Elas são o seu vício em trabalho e em sucesso, sua ligação com recompensas mundanas e seu medo do declínio. Então, vou mostrar as três coisas que você precisa fazer para começar agora mesmo a tornar a sua segunda curva melhor do que a primeira: se dedique aos seus relacionamentos, comece sua jornada espiritual e abrace as suas fraquezas. Por fim, direi a você quais são os sentimentos mais comuns ao começar essa transição.

Vamos percorrer um longo caminho, mas aqui vai o resumo: sua segunda curva existe, você pode entrar nela e ficará muito feliz por ter feito isso.

CAPÍTULO 3

❦❦

Largue seu vício
em sucesso

TALVEZ A CONVERSA MAIS comovente que tive enquanto escrevia este livro tenha sido com uma mulher mais ou menos da minha idade. Ela é muito bem-sucedida em Wall Street — fez fortuna e é muito respeitada. Ultimamente, porém, ela começou a cometer alguns erros aqui e ali. Suas decisões como gerente não são mais tão certeiras, seus instintos estão menos confiáveis. Ela costumava ser a protagonista em uma sala, mas agora nota que seus colegas mais jovens duvidam dela. Em pânico com o prospecto do declínio, ela leu um artigo que escrevi e me procurou.

Fiz várias perguntas sobre sua vida. Ela não estava muito feliz; na verdade, já fazia muitos anos que não era feliz — e talvez nunca tivesse sido.

Seu casamento já não a satisfazia, ela bebia um pouco além da conta e o relacionamento com os filhos em idade universitária era bom... mas distante. Ela tinha poucos amigos verdadeiros. Trabalhava horas intermináveis e se sentia fisicamente exausta a maior parte do tempo. O trabalho era tudo para ela — "vivia para trabalhar" —, e agora estava aterrorizada que até aquilo estivesse começando a escapar por entre seus dedos.

Ela admitiu tudo isso abertamente, então seria de se pensar que a solução para a infelicidade dela fosse óbvia. E eu realmente perguntei por que ela não ia direto nas fontes de sua infelicidade: investir tempo para reavivar seu casamento e passar mais tempo com os filhos; procurar ajuda com a questão do consumo de álcool; dormir mais; ficar em melhor forma física. Eu sabia que os esforços fatigantes no trabalho haviam sido o que fizeram dela uma mulher bem-sucedida, mas, quando se percebe que algo tem consequências secundárias que estão causando infelicidade, encontra-se uma forma de consertar, certo? Você pode amar pão, mas, se passar a ser intolerante a glúten, vai parar de comer porque está ficando doente.

Ela refletiu sobre a minha pergunta por alguns minutos. Finalmente, olhou para mim e disse com naturalidade: "Talvez eu prefira ser *especial* a ser *feliz*."

Ao ver minha expressão espantada, ela explicou: "Qualquer um pode fazer o que é necessário para ser feliz: sair de férias, passar tempo com a família e os amigos... mas nem todo mundo é capaz de realizar coisas grandes." Minha reação inicial foi zombar disso, mas depois pensei a respeito na privacidade da minha mente. E percebi que também fiz isso em determinados momentos da vida. Talvez até na maior parte do tempo, sendo bem honesto.

Aquela gerente financeira passou anos criando uma versão de si mesma que os outros admirariam — incluindo alguns que já estavam mortos, como seus pais. Ainda mais importante, a versão que cultivara de si mesma era de uma pessoa que ela própria admiraria: uma executiva muito bem-sucedida que trabalhava duro. E ela conseguiu! Mas nada é permanente, e, quando conversamos, ela sentia como se cada hora de trabalho estivesse rendendo menos do que a anterior, e não apenas menos felicidade — menos poder e prestígio também. O problema dela era que a "pessoa especial" que havia criado não constituía uma pessoa completa. Digamos que ela havia trocado a si mesma por um símbolo de si mesma.

Nós costumamos fazer isso com outras pessoas: reduzi-las a uma ou duas características invejáveis, tais como beleza física, dinheiro ou poder. Isso se chama "objetificação". As celebridades com frequência falam sobre como é terrível ser objetificado dessa forma. Casamentos baseados na objetificação — se casar por dinheiro, por exemplo — inevitavelmente dão errado.

No fundo do nosso coração, sabemos que objetificar os outros é errado e imoral. Mas é fácil esquecer que podemos fazer isso com nós mesmos. Essa minha amiga tinha objetificado a si mesma para ser especial, se autodefinindo por meio de trabalho, conquistas, recompensas materiais e orgulho. Embora aquele objeto estivesse aos poucos se desgastando, ela ainda estava apegada demais ao próprio sucesso superficial para fazer as mudanças que poderiam trazer felicidade.

Ela estava viciada — em trabalho e, além disso, em sucesso. Como todos os vícios, os dela a desumanizaram. Ela não se via como uma pessoa completa, e sim como uma máquina de alto desempenho — ou talvez como uma máquina que costumava ser de alto desempenho, mas que estava começando a apresentar sinais de desgaste.

Talvez você se veja nessa situação. Eu me vejo. Neste capítulo, mergulharemos até o âmago desses problemas — auto-objetificação, vício em trabalho e, acima de tudo, em sucesso — que nos acorrentam ao declínio da nossa curva de inteligência fluida. Ainda mais importante, veremos como fugir dessas tiranias para que possamos dar o salto para o novo sucesso.

Viciado

"Talvez eu prefira ser *especial* a ser *feliz*."

As palavras dessa gerente financeira me faziam pensar em algo, mas, por alguns dias, não consegui definir o que era. Mas então eu me lembrei: foi uma conversa anos antes com um amigo que tinha passado um bom tempo lutando contra o etilismo e o vício em substâncias químicas. Ele me disse que era desesperadamente infeliz na época em que era dependente químico e tinha plena consciência do fato. Fiz a ele uma pergunta simples:

— Se você era infeliz, por que continuava fazendo?

Assim como a gerente financeira, ele fez uma pausa antes de responder.

— Eu me importava mais em ficar chapado do que em ser feliz — respondeu ele.

Foi quando percebi: pessoas que escolhiam ser especiais em vez de felizes eram *viciadas*. Talvez isso soe estranho para você. Pense em uma pessoa dependente de álcool. Provavelmente quem você visualizou está na pior, se automedicando para lidar com traumas de um mundo difícil. É provável que você não tenha imaginado uma pessoa bem-sucedida e que trabalha duro. Elas são menos suscetíveis a adquirir um vício, certo?

Errado. Segundo a Organização para a Cooperação e Desenvolvimento Econômico (OCDE), a probabilidade de beber aumenta à medida que o nível de educação e o status socioeconômico são maiores.[1] Alguns acreditam — e estou incluído nessa parcela, com base no meu trabalho — que pessoas em cargos que envolvem muita pressão tendem a se automedicar com álcool, inclusive ingerindo dosagens perigosas, o que pode apagar a sensação de ansiedade como um interruptor... temporariamente.

Mas o álcool não é o único vício ao qual os obstinados estão propensos, e talvez nem seja o pior. Um dos mais desagradáveis e malignos que já vi é o vício em trabalho — *workaholism*. O termo foi cunhado pelo psicólogo Wayne Oates na década de 1960, depois que seu filho marcou uma consulta com o próprio Oates para vê-lo, de tão escasso era o tempo do pai. Em 1971, ele definiu o *workaholism* como "compulsão ou necessidade incontrolável de trabalhar incessantemente".[2]

Essa síndrome é endêmica para as pessoas que têm uma carreira bem-sucedida. Pense no número absoluto de horas gastas no trabalho: de acordo com a revista *Harvard Business Review*, o CEO norte-americano médio trabalha 62,5 horas por semana, contra a média de 44 horas de um trabalhador comum.[3] Isso me soa verdadeiro: duvido que alguma vez eu tenha trabalhado menos de sessenta horas por semana quando era CEO. Muitos líderes trabalham muito mais que isso e reservam pouco tempo para cultivar relacionamentos externos.

Líderes que trabalham exaustivamente costumam me dizer que, se quiserem cumprir bem o seu papel, eles não têm escolha. Mas não acredito nisso. Quando cavo um pouco mais — na minha vida e na vida dos outros —, acabo descobrindo que os *workaholics* estão presos em um círculo vicioso: se tornam bem-sucedidos por trabalharem mais que os outros — e, assim, mais do que o "necessário" —, mas acreditam que precisam manter o ritmo para preservar sua produtividade astronômica. As recompensas dessa produtividade abrem margem para um medo de ficar para trás e um ímpeto de continuar essa maratona. Logo, o trabalho toma o espaço dos relacionamentos e de outras atividades. Restando pouca coisa além disso, o trabalho é o que sobra para o *workaholic*, o que reforça o ciclo.

O *workaholism* alimenta o medo e a solidão; o medo e a solidão alimentam o *workaholism*.

Os terapeutas geralmente chegam ao diagnóstico com três perguntas:

1. Você costuma passar seu tempo livre fazendo atividades relacionadas ao trabalho?
2. Você costuma pensar em trabalho quando não está trabalhando?
3. Você trabalha muito além do exigido?[4]

Não acho que esse diagnóstico alcance a raiz do problema. Aposto que a maioria dos leitores deste livro responderia a essas perguntas com uma afirmativa, sendo ou não *workaholics*, porque realmente gostam do trabalho que desempenham e estão comprometidos com a excelência — que exige mais do que um esforço mínimo para não ser demitido. Trabalhar duro e gostar disso não faz de você um *workaholic*.

Entretanto, conheci muitas pessoas que cruzaram a linha do *workaholism*, e eu mesmo sou uma delas. Na minha opinião, as perguntas a seguir são melhores:

1. Você não consegue reservar parte da sua energia depois do trabalho para aqueles que ama e só para de trabalhar quando vira uma casca desidratada que apenas lembra um ser humano?

Largue seu vício em sucesso   65

2. Você trabalha escondido? Por exemplo, quando seu cônjuge sai de casa em um domingo, você imediatamente começa a trabalhar e para antes que ele ou ela chegue para que não fique na cara o que estava fazendo?

3. Você se sente ansioso e infeliz quando alguém — como seu cônjuge — sugere que se afaste do trabalho por um tempo para fazer atividades com aqueles que ama, mesmo quando nada no seu trabalho é urgente? (A propósito, estou um pouco furioso e na defensiva ao escrever isso.)

Se está achando isso muito parecido com o etilismo, é porque é. O psicoterapeuta Bryan E. Robinson escreveu extensivamente sobre *workaholism* e relacionamentos familiares e mostrou que os *workaholics* têm muitos dos mesmos padrões de comportamento e estranhamento com seus cônjuges que os etilistas.[5] A pessoa com o vício se sente incompreendida e atacada e começa a se comportar com reservas. Enquanto isso, o cônjuge se sente negligenciado e magoado. A dissolução conjugal acontece com frequência.[6] O *workaholic*, então, encara a separação como um caso de ingratidão. Como um homem me disse quando eu estava escrevendo este livro: "Minha esposa quer coisas caras que só o dinheiro pode comprar, mas fica furiosa comigo por fazer o que é necessário para ganhá-lo." *Aham*.

Workaholics se convencem de que a décima quarta hora de trabalho é vital para seu sucesso, quando, na realidade, a produtividade deles já está severamente comprometida a essa altura. Economistas atestaram com muita consistência que a nossa produtividade marginal despenca a partir da oitava ou décima hora trabalhada no dia.[7] Se você é do tipo de pessoa que trabalha entre doze e catorze horas, provavelmente notou que quase qualquer coisa é capaz de te distrair no fim da tarde ou à noite. O foco humano — em especial em tarefas sedentárias — simplesmente não consegue se sustentar por tanto tempo.

O que todos os vícios têm em comum é que envolvem um relacionamento doentio com alguma coisa que não é digna do amor humano, seja bebida alcoólica, sejam apostas, aplausos ou, sim, trabalho. O trabalho é o relacionamento dominante na vida de um *workaholic*. Portanto, eles viajam a trabalho no aniversário de casamento; perdem as competições esportivas dos filhos. Alguns renunciam ao casamento por causa da carreira — sendo descritos como "casados com o trabalho" —, ainda que saibam muito bem que um bom casamento (com outro ser humano) é mais satisfatório do que qualquer emprego. Isso é desconcertante para pessoas com padrões normais de trabalho. Mas ficar entre um *workaholic* e sua carreira é como ficar entre um urso-pardo e seus filhotes.

O *workaholism* mantém você acorrentado ao seu trabalho. Mais do que isso, você fica preso a todos os seus velhos padrões, porque tem medo de fazer qualquer coisa que o separe da sua rotina com o seu relacionamento mais importante. E isso faz com que dar o salto para uma nova curva seja impossível.

Vício em sucesso

Antes de buscarmos por soluções, precisamos cavar um pouco mais fundo. Os etilistas são dependentes do álcool, é verdade. Mas, na realidade, a dependência deles é no que o álcool faz com o cérebro.

É assim também com o *workaholism*. O que os *workaholics* realmente anseiam não é o trabalho em si; é o sucesso. Eles se matam de trabalhar por dinheiro, poder e prestígio porque essas são formas de aprovação, aplausos e elogios — que, como todas as coisas que viciam, desde a cocaína até as redes sociais, estimulam o neurotransmissor dopamina.[8] Por quê? Para algumas pessoas que conheci, o frenesi do sucesso, apesar de momentâneo, ofusca a escuridão da vida "normal" — conquistas são uma forma de colocar alguém acima de um soturno patamar de humor. Alguma coisa está nitidamente errada quando a ideia de ser "normal" induz pânico suficiente para fazer alguém negligenciar as pessoas que ama em favor da possível admiração de estranhos.

Mas é surpreendentemente comum entre alguns dos grandes obstinados da história. Pegue o exemplo de Winston Churchill, talvez o estadista mais impactante do século XX. Ele costumava falar de seu "cachorro preto", uma melancolia que tratava com uísque, trabalho compulsivo e uma sede insaciável por grandeza. Incapaz de deixar sua mente torturada em paz enquanto tinha uma agenda opressora como primeiro-ministro durante a guerra, ele escreveu 43 livros ao mesmo tempo.

De forma semelhante, Abraham Lincoln, ao longo de sua vida, passou por períodos de extrema depressão e chegou a pensar em suicídio, admitindo uma vez a um amigo que nunca ousava carregar uma faca no bolso, pois temia usá-la contra si mesmo.[9] A maioria dos historiadores acredita que ele foi o autor de um poema anônimo chamado *O solilóquio do suicídio*, publicado em 1838 no jornal local de Lincoln em Springfield, Illinois, o *Sangamo Journal*. Eis um pequeno trecho do poema:

Doce aço! Desembainha-te
E cintila, comunica tua força;
Dilacera os órgãos do meu alento
E arranca-me o sangue em jatos!

Isso surgiu em uma época muita agitada para Lincoln, que nitidamente tinha o que o psiquiatra John Gartner chamava de "borda hipomaníaca", a energia quase maníaca que costuma causar episódios depressivos naqueles que conquistam grandes realizações.[10] Nos anos que antecederam os tratamentos de depressão, Lincoln tentou de tudo, da cocaína ao ópio. No entanto, os remédios aos quais ele sempre recorria eram o trabalho e o sucesso mundano.

Há um trechinho maravilhoso no livro *Confissões*, de Santo Agostinho, escrito por volta do ano 400. Ele começa descrevendo seu anseio insaciável por sucesso aos olhos dos outros: "Eu ofegava após honrarias... quente de febre com os pensamentos que me consumiam."(Todo viciado em sucesso se identifica com isso.) Então, ele descreveu um episódio em que passou por um homem em situação de rua em Milão, que ele *admirou* secretamente: "E por certo ele se alegrava, eu estava ansioso; ele estava sereno; eu, trepidante."

Talvez tenhamos evoluído para o vício em sucesso. Faz sentido, se o sucesso realça a nossa aptidão genética, nos tornando mais atraentes para os outros (quer dizer, até que isso destrua nosso casamento). Mas ser constantemente o centro das atenções, conquistar a singularidade, cobra um preço caro. Exceto para algumas estrelas de *reality shows* e celebridades acidentais, o sucesso é um trabalho brutal e exige sacrifícios. Na década de 1980, o médico Robert Goldman descobriu em sua pesquisa que metade dos aspirantes a atletas estaria disposta a aceitar a morte certa em cinco anos em troca de uma medalha de ouro olímpica imediatamente.[11] "*A fama é o estímulo que a alma límpida eleva*", disse John Milton em seu poema "Lycidas", "*... para desprezar os prazeres e viver os dias laboriosos.*"

Mas a meta nunca é alcançada; o viciado em sucesso nunca é "bem-sucedido o suficiente". O barato só dura um ou dois dias, e então ele segue em busca de um novo sucesso. "Infeliz é aquele que depende do sucesso para ser feliz", escreveu Alex Dias Ribeiro, ex-piloto de Fórmula 1. "Para essa pessoa, o fim de uma carreira de sucesso é o fim da linha. Seu destino é morrer de amargura ou buscar mais sucesso em outras carreiras e seguir vivendo de sucesso em sucesso até cair morto. Nesse caso, não haverá vida após o sucesso."[12]

Tornando-se um objeto

Desde muito cedo, aprendi sobre os males de objetificar os outros. Meu pai se esforçou muito para incutir em mim a ideia de que, como um homem em desenvolvimento, eu nunca deveria considerar as pessoas segundo suas características físicas — ainda mais em se tratando das mulheres. Fazer isso é desumanizá-las, o que nós acreditávamos ser um pecado grave.

Não há nada de especialmente religioso nesse ensinamento moral. Por exemplo, esse foi um dos temas centrais do filósofo Immanuel Kant, que escreveu: "Assim que uma pessoa se torna Objeto de apetite do outro, todos os motivos de relacionamento moral param de operar, porque, como um Objeto de apetite do outro, a pessoa se torna uma coisa e pode ser tratada e usada como tal por todo mundo."[13]

O foco disso é quase inteiramente a objetificação sexual e como ela degrada o bem-estar, mas a objetificação toma outras formas, como no trabalho. Este é o foco de Karl Marx, que escreveu em 1844: "A atividade espontânea da imaginação humana, do cérebro humano e do coração humano opera no indivíduo independentemente dele... Ela pertence a outro; é a perda de si mesmo."[14] Essa era sua acusação do capitalismo como um sistema socioeconômico que deixa as pessoas infelizes ao fazer delas parte de uma máquina humana na qual a humanidade é eliminada e sobra apenas a produtividade. Elas são objetificadas, reduzidas.

Não concordo com a avaliação dele do capitalismo como um sistema (e já escrevi livros sobre isso), mas acredito que Marx foi certeiro ao dizer que a objetificação de pessoas enquanto trabalhadores destrói a felicidade. Em 2021, dois pesquisadores franceses publicaram no jornal acadêmico *Frontiers in Psychology* a pesquisa em que desenvolveram uma medida de objetificação no local de trabalho, baseada na sensação de estarmos sendo usados apenas como uma ferramenta, sem sermos reconhecidos como agentes no ambiente de trabalho.[15] Como eles apontaram, a objetificação no ambiente de trabalho leva ao esgotamento, à insatisfação, à depressão e ao assédio sexual.

O caso moral contra objetificar os outros é bem direto. Começa a ficar mais complicado quando aquele que objetifica e aquele que está sendo objetificado são a mesma pessoa — em outras palavras, a auto-objetificação, que os estudiosos definem como se perceber pela perspectiva de uma terceira pessoa que não considera sua total humanidade.[16] Exemplo disso seria se olhar no espelho e se sentir inadequado ou inútil — ou até satisfeito e feliz — apenas por causa da aparência física. Ou, no caso do trabalho, julgar o valor de alguém — para o bem ou para o mal — com base no desempenho ou na posição profissional.

A auto-objetificação diminui a autovalorização e a satisfação com a vida. No caso de auto-objetificação física entre as mulheres (fenômeno em que quase todas as pesquisas se concentram), os estudos mostram que isso leva à vergonha do próprio corpo e à baixa autoestima, o que degrada a satisfação com a vida.[17] Mesmo no caso de pessoas que são especialmente atraentes, esse tipo de foco é inerentemente desumanizador e autocrítico: há *sempre* alguma coisa errada com o seu corpo. E, lógico, tudo isso fica pior com as redes sociais, que facilitam ainda mais a auto-objetificação.[18]

Estudos realizados com jovens mulheres mostram que a auto-objetificação leva a um senso de invisibilidade e à falta de autonomia, além de estabelecer uma relação direta com distúrbios alimentares e depressão.[19] Também diminui a competência em tarefas rotineiras. Um experimento de 2006 com 79 mulheres entre 19 e 28 anos pediu que uma parte aleatória delas experimentasse um suéter e a outra experimentasse um maiô, e em seguida se olhassem em um espelho de corpo inteiro, preenchessem um questionário sobre autoimagem e, por fim, desempenhassem uma tarefa rotineira, como identificar cores.[20] Eles descobriram que as mulheres de maiô — que foram induzidas a sentir "Eu sou o meu corpo" — identificaram as cores significativamente mais devagar do que as que estavam de suéter.

Não há estudos em relação à felicidade e competência quando nos auto-objetificamos profissionalmente, quando pensamos "Eu sou o meu trabalho". Mas o senso comum nos diz que isso é uma tirania tão sórdida quanto a auto-objetificação física. Nós nos tornamos o patrão cruel de Marx, usando o chicote sem piedade, nos vendo como nada mais do que *Homo economicus*. Amor e diversão são sacrificados em prol de mais um dia de trabalho, na busca de uma resposta interior positiva para a pergunta "Eu já sou bem-sucedido?". Nós nos tornamos totens de papelão de pessoas reais. E, então, quando o fim chega — quando o declínio profissional se estabelece —, nos sentimos desamparados, diminuídos para nós mesmos e, inevitavelmente, esquecidos pelos outros.

Em *Os meios de comunicação como extensão do homem*, seu livro de 1964, Marshall McLuhan disse a famosa frase: "O meio é a mensagem."[21] Ele observou que, no famoso mito grego, Narciso não se apaixona por si mesmo, mas pela imagem de si mesmo. E é assim que, em nossa profissão, nós nos auto-objetificamos: nosso trabalho é nosso meio, que também é nossa mensagem. Amamos a nossa imagem de bem-sucedidos, não a da vida real. Mas você não é o seu trabalho, e eu (como preciso me lembrar) não sou o meu.

Orgulho, medo, comparação social e abstinência

Em sua raiz, a auto-objetificação é uma questão de orgulho. Ele costuma ser encarado como uma coisa boa na nossa sociedade moderna; nós o usamos para denotar admiração. Eu digo para os meus filhos que me orgulho deles, por exemplo. Ou posso dizer sem constrangimento que tenho orgulho deste livro. Mas essa conotação é relativamente nova. Em quase todas as tradições filosóficas, o orgulho é um vício mortal que apodrece a pessoa de dentro para fora. Os budistas usam a palavra *manas*, que em sânscrito se refere à mente inflada que despreza os outros em favor de si e leva ao sofrimento próprio. Tomás de Aquino o definiu como um desejo excessivo pela própria excelência, o que leva à infelicidade.[22] Em *A divina comédia*, de Dante, Satã é descrito como uma vítima de seu terrível orgulho que acabou congelado da cintura para baixo — preso e em sofrimento — no gelo formado pelo vento que se criou quando bateu suas asas grotescas.

O orgulho é sorrateiro: ele se esconde nas coisas boas. Santo Agostinho foi astuto ao observar que "todos os outros tipos de pecado têm a ver com a missão de fazer o mal, enquanto o orgulho fica à espreita até nas coisas boas, para destruí-las".[23] Isso é muito verdadeiro: o trabalho, que é uma fonte de significado e propósito, se torna um vício que prejudica nossos relacionamentos. O sucesso, fruto da excelência, também se torna um vício. Tudo por causa do orgulho.

O medo é primo do orgulho. Muitos dependentes químicos e etilistas dizem que continuam com o vício porque têm medo da vida "normal", com suas lutas, seus estresses e suas chatices. As pessoas viciadas em sucesso costumam ter muito medo também, mas do fracasso.

O medo do fracasso tem sido muito estudado. Por exemplo, pesquisadores descobriram que falar em público é o medo mais comum entre estudantes universitários; alguns estudiosos ficaram famosos ao afirmar que uma porção desses estudantes temem mais isso do que a morte.[24] Eu vejo muito esse receio entre os meus alunos mais obstinados, porque eles têm pavor de fracassar em qualquer coisa, mesmo que seja uma apresentação boba em sala de aula. E esse medo não aflige apenas os jovens e inexperientes; segundo uma pesquisa de 2018, 90% dos CEOs "admitem que o medo do fracasso os mantém acordados à noite mais do que qualquer outra preocupação".[25]

O medo inspira todos os viciados em sucesso. Como o filósofo Jean-Jacques Rousseau escreveu em seu livro *Confissões*: "Eu não temia o castigo, apenas a desgraça; até mais do que a morte, que o crime, que qualquer outra coisa no mundo."[26] Você se identifica com isso?

É uma triste ironia que as pessoas que têm intenso medo do fracasso não sintam muito prazer com suas conquistas e fiquem demasiadamente ansiosas com a possibilidade de não terem bom desempenho em um momento crucial.[27] Em outras palavras, elas se sentem mais motivadas pelo medo de estragar tudo do que pela perspectiva de vencer e ganhar alguma coisa de valor. Esses são alguns dos mesmos traços de personalidade que levam ao perfeccionismo. Na verdade, o perfeccionismo e o medo do fracasso andam de mãos dadas: levam você a acreditar que o sucesso não diz respeito a fazer algo bom, mas a *não* fazer algo ruim. Se você tem medo do fracasso, entenderá exatamente o que quero dizer. A busca pelo sucesso deveria ser uma empolgante jornada para um destino incrível — como o famoso alpinista George Mallory disse, subir uma montanha "porque ela está lá" —, mas, em vez disso, é uma labuta exaustiva, em que você concentra toda a sua energia em não cair do precipício.

Enquanto isso, os perfeccionistas se veem como pessoas diferentes. Estudos mostram que esse grupo acredita ser capaz de ter mais habilidades, estabelecer padrões mais altos e alcançar conquistas maiores do que os outros. Isso costuma ser verdade! E essa comparação favorável entre eles e os outros dá aos perfeccionistas um barato momentâneo, mas a ideia de ficar para trás cria uma sensação de pânico, como enfrentar a perspectiva de um fracasso catastrófico. Quando eu me considero melhor do que os outros — quando "melhor" está no cerne da minha identidade —, o fracasso é impensável. Ele me excomungaria do meu eu objetificado. É como uma pequena morte.

Muitos viciados em sucesso confessam que se sentem perdedores quando encontram outra pessoa que tenha mais sucesso do que eles. O sucesso é fundamentalmente *posicional*, o que significa que ele melhora nosso ranking nas hierarquias sociais.

Há décadas cientistas sociais vêm mostrando que bens posicionais não trazem felicidade. Até mesmo o dinheiro, do qual as pessoas juram que só gostam pelo que ele pode comprar, se torna muitas vezes posicional a partir de um nível relativamente baixo. Como Dalai Lama uma vez me fez lembrar, as pessoas têm dez dedos, mas compram vinte anéis. Essa posicionalidade faz parte da nossa programação natural.

A motivação para alcançar sucesso mundano por razões posicionais pode facilmente se tornar uma paixão obsessiva. O problema é que esse tipo de sucesso — como todas as coisas que causam vício — é, em última análise, insatisfatório, como o trabalho de Sísifo. Ninguém nunca fica famoso, rico nem poderoso o suficiente. "A riqueza é como a água do mar: quanto mais você bebe, mais sede terá. O mesmo se aplica à fama." Quem escreveu isso foi o filósofo Arthur Schopenhauer, em 1851, mais de um século e meio antes de as redes sociais serem inventadas e tornarem o problema dez vezes pior.[28]

Enquanto isso, se manter no topo da hierarquia do sucesso é um trabalho árduo. Um músico de certo renome me disse certa vez que se tornar e se manter famoso é uma combinação infeliz de tédio e terror. Emily Dickinson captou esse trabalho árduo em seu poema "Não sou ninguém" (aqui, na tradução para o português de Augusto ed Campos):

Que triste — ser — Alguém!
Que pública — a Fama —
Dizer seu nome — como a Rã —
Para as palmas da Lama!

Acredita-se que o ex-presidente Teddy Roosevelt chamou a comparação social de "ladra da alegria". Quer ele tenha dito, quer não, é verdade: pesquisadores descobriram há muito tempo que a comparação social diminui nossa felicidade.[29] Mas nem é preciso fazer um estudo para atestar isso — basta passar algumas horas no Instagram e conferir como vai se sentir a respeito de si mesmo depois. Isso se deve ao fato de que o seu sucesso está sendo comparado à sua percepção do sucesso dos outros, como é retratado em informações de precisão dúbia. Nada bom pode vir disso.

Comparação social, medo do fracasso e perfeccionismo são como o orgulhoso mar de gelo de Dante, congelando você no lugar com pensamentos acerca do que os outros vão pensar a seu respeito — ou, pior, o que você vai pensar de si mesmo — se não for bem-sucedido em algo. Esses são os frutos do vício em sucesso. E, para coroar tudo, eles ainda levam à abstinência.

No caso da dependência de álcool, a abstinência pode ser uma experiência física agonizante, isso é certo. Mas, se conversar com um ex-etilista, vai perceber que a questão é muito mais profunda. Lembre-se, a bebida é um relacionamento — provavelmente a amizade mais íntima do etilista. Parar de beber significa perder essa intimidade. A perspectiva de desistir é como olhar para um abismo cheio de nada, cheio da sensação de que nunca mais vai se sentir bem de verdade.

Viciados em sucesso também experimentam a abstinência. Eu via isso o tempo todo durante os anos em que estive à frente de um *think tank* em Washington, D.C. As pessoas se retiravam da ribalta da política — às vezes por vontade própria, às vezes não — e sofriam demais. Não falavam sobre quase nada que não fossem os velhos tempos. Elas se ressentiam das pessoas que tinham vindo depois, mas nunca pediam ajuda nem conselho.

Dando início à sua recuperação

Talvez você não tivesse plena consciência do seu vício antes de ler este capítulo, e talvez ainda não tenha. Então, vamos fazer um pequeno teste.

1. Você se define de acordo com seu cargo ou posição profissional?
2. Você quantifica o próprio sucesso em termos de dinheiro, poder e prestígio?
3. Você não consegue ver com nitidez — ou se sente desconfortável ao fazê-lo — o que vem depois dos seus últimos sucessos profissionais?
4. Seu "plano de aposentadoria" é continuar trabalhando sem nunca parar?
5. Você sonha em ser lembrado por seus sucessos profissionais?

Se você deu uma resposta afirmativa a uma dessas perguntas, então provavelmente é um viciado em sucesso. A propósito, quando comecei este projeto, eu teria dito sim às cinco questões, então não se sinta mal.

Por mais bem-sucedido que seja na vida e no trabalho, você não vai deixar seus velhos pontos fortes e alcançar os novos até que resolva isso. Não é fácil, mas, felizmente, também não precisa de um período no centro de reabilitação. Na verdade, você não precisa se abster do trabalho (ainda bem, considerando que, como eu, você precisa se sustentar).

Entretanto, é necessário admitir a verdade e se comprometer a mudar: você tem um problema que precisa ser resolvido, o que vem fazendo não está funcionando e você quer ser feliz. A propósito, essa é *sempre* a primeira coisa a se fazer ao se recuperar de um vício. O primeiro passo no programa dos

Alcoólicos Anônimos é: "Admitimos que éramos impotentes perante o álcool — que tínhamos perdido o domínio sobre nossas vidas."

Se você quer ser feliz, precisa manifestar sua aspiração honesta de ser feliz, estar disposto a ser menos especial por parâmetros mundanos e, assim, parar de objetificar a si mesmo. Você precisa afirmar seu *desejo* de aliviar sua carga com a virtude oposta ao orgulho: a humildade.

Desenvolvi uma prática que me ajuda bastante. Um cardeal anglo-espanhol católico do século XX, Rafael Merry del Val y Zulueta, compôs uma linda oração chamada "Ladainha da Humildade". O pedido contido nela não é que sejamos poupados da humilhação, e sim que tenhamos a coragem de lidar com o medo dela. "Do receio de ser humilhado, livrai-me, Ó Jesus", implora ele. Inspirado por essa oração, eu mesmo escrevi uma pequena ladainha a qual uso quando percebo que estou me acorrentando ao *workaholism*, ao orgulho, ao medo do fracasso, ao perfeccionismo ou à comparação social — as forças que me afastam da minha segunda curva. Você pode usá-la sendo religioso ou não; o objetivo é nomear seus vícios e declarar seu desejo de ser livre.

De colocar a minha carreira antes das pessoas da minha vida, livrai-me.

De me distrair da vida com o trabalho, livrai-me.

Do meu desejo de ser superior aos outros, livrai-me.

Da atração das promessas vazias do mundo, livrai-me.

Dos meus sentimentos de superioridade profissional, livrai-me.

De permitir que meu orgulho supere meu amor, livrai-me.

Das minhas dores de me afastar do meu vício, livrai-me.

Do pavor de entrar em declínio e ser esquecido, livrai-me.

O próximo passo

Como muitos obstinados, você provavelmente passou décadas tentando ser bem-sucedido segundo parâmetros mundanos, e agora estou lhe dizendo para ir contra esses instintos. Mas, uma vez que comece essa jornada, vai perceber que muitas coisas estavam em sua vida apenas para construir sua imagem — para si mesmo e para os outros —, para mostrar que você era bem-sucedido e especial. Algumas dessas coisas são troféus físicos, "bens posicionais" que mostram que você é importante para o mundo. Elas podem ser propriedades, carros e barcos, óbvio. Mas não fique se achando se essas coisas não são importantes para você (não são para mim) ou se o seu sucesso não é do tipo que lhe dá muito dinheiro. Seus troféus podem ser seguidores em uma rede social, amigos famosos ou uma casa em um lugar descolado de acordo com os padrões do mundo.

A questão é que os símbolos da sua singularidade se agarram a você como carrapatos. Além de incapazes de lhe trazer alguma satisfação, eles também estão fazendo com que fique pesado demais para saltar para a próxima curva.[30] Você precisa desgrudar vários deles. Mas quais?

Se alguma vez você se mudou de um casarão para um apartamento, sabe que a parte mais difícil é decidir o que não precisa. Você se debruça sobre cada objeto que evoca lembranças e pensa: *Gastei um bom dinheiro nisso e posso precisar de novo!* Da mesma forma, quando pensa em perder a falsa imagem do seu eu extremamente especial, é provável que você sinta medo de se arrepender.

Como fazer isso da maneira certa é o nosso próximo tópico.

CAPÍTULO 4

❈

Comece a cortar
os excessos

Ao visitar Taiwan, a atração imperdível é o Museu do Palácio Nacional. Possivelmente a maior coleção de arte e artefatos chineses no mundo, a seleção permanente do museu abrange mais de 7 mil itens que datam desde o Período Neolítico, 8 mil anos atrás, até o começo do século XX.

O único problema do museu é exatamente a sua abundância. Ninguém consegue explorar mais do que uma fração dele em uma única visita. Sem orientação, o passeio logo se torna uma caminhada forçada por entre vasos, gravuras e peças esculpidas em pedra. No fim, tudo acaba parecendo igual, e o momento mais memorável da visita se torna a ida à lanchonete.

Foi por isso que, certa tarde muitos anos atrás, para poder aproveitar o museu de forma adequada, contratei um guia para me mostrar algumas das peças mais famosas e me explicar o significado artístico e filosófico de cada uma. Mal sabia eu, mas um comentário do guia estava prestes a mudar a minha vida.

Enquanto olhava para uma enorme escultura em jade de Buda datado da época da dinastia Qing, meu guia comentou sem a menor cerimônia que aquele era um bom exemplo da diferença entre o ponto de vista artístico oriental e ocidental.

— Por quê? — indaguei.

Ele respondeu à minha pergunta com outra pergunta:

— No que você pensa quando falo para você imaginar uma obra de arte que ainda não começou a ser feita?

— Acho que em uma tela em branco — respondi.

— Certo. Isso porque vocês do Ocidente veem arte como sendo algo criado a partir do nada. No Oriente, acreditamos que a arte já existe, e o nosso trabalho é simplesmente revelá-la. Ela não fica visível porque acrescentamos algo, e sim porque tiramos as partes que não são arte.

Enquanto a minha concepção de uma arte não começada era uma tela em branco, a do meu guia era um bloco de jade bruto, como aquele que acabou se tornando o Buda diante de nós. Minha obra de arte não existe até que eu acrescente imagens e pinturas. A dele sim, só não está visível até que ele tire as porções da pedra que não fazem parte da escultura dentro do bloco.

A metáfora é bem direta no caso da escultura. É mais difícil aplicá-la na música, por exemplo. Mas não impossível. Um músico indiano certa vez me perguntou como eu conseguia "escutar a música" durante uma sinfonia de Brahms. Perguntei o que ele queria dizer, afinal, em uma orquestra com 85 instrumentos tocando a cem decibéis, é difícil *não* escutar a música. Ele respondeu que a música, na cabeça dele, ficava obscurecida com tantas pessoas tocando ao mesmo tempo. Essa é a principal diferença entre a música clássica ocidental, em que se acrescenta sons até que ela esteja "certa" (por isso uma grande orquestra tocando a sinfonia de Brahms), e uma raga clássica indiana, em que se descarta todos os sons que obscurecem a "verdadeira música" (por isso um conjunto de apenas alguns poucos músicos).

A arte imita a vida. No Ocidente, sucesso e felicidade vêm — ou, pelo menos acreditamos vir — ao se evitar perdas e acumular mais coisas: mais dinheiro, realizações, relacionamentos, experiências, prestígio, seguidores, posses. Enquanto isso, a maioria dos filósofos orientais alerta que essa ganância leva ao materialismo e à vaidade, que nos desviam da busca pela felicidade ao obscurecer nossa natureza essencial.[1] Precisamos tirar os excessos do bloco de jade que é a nossa vida, até que consigamos encontrar a nós mesmos.

No Ocidente, conforme ficamos mais velhos, temos o costume de achar que devemos ter muitas coisas para exibir como frutos da nossa vida, um monte de troféus. Já no pensamento oriental é o contrário. Conforme envelhecemos, não devemos acumular mais coisas para nos *representarem*, e sim tirar os excessos para *descobrirmos* nosso verdadeiro "eu" — e, assim, encontrarmos nossa segunda curva. Nas palavras de Lao Tzu, autor de *Tao Te Ching: O livro do caminho e da virtude*, escrito no século IV a.C.:

Eu vou vencer com a simplicidade da natureza original.
Com a simplicidade da verdadeira natureza, não haverá desejo.
Sem desejo, a natureza original da pessoa ficará em paz.
E o mundo naturalmente ficará de acordo com o Caminho certo.[2]

Eu estava nos estágios iniciais de pesquisa para este livro quando me deparei com essa ideia, que dominou minha imaginação. Afinal, comecei a minha vida totalmente imerso nas artes; não apenas fui músico como também minha mãe era pintora profissional. Como tal, sempre encarei a vida como um empreendimento criativo. Essa é a metáfora perfeita para mim. Meus dias mais felizes são aqueles que começam como uma tela em branco, à espera de ser preenchida com ideias e interações criativas.

Mas, depois da conversa com o guia em Taiwan e de posteriores reflexões sobre as lições que ele me ensinou, percebi que a metáfora ocidental pode não ser a certa enquanto vivo a segunda metade da minha vida. Ela pode, inclusive, estar se transformando em um obstáculo para minha felicidade e satisfação.

Aos mais de 50 anos, minha vida está cheia de posses, realizações, relacionamentos, opiniões e compromissos. Eu me perguntei: "Será que a fórmula para uma vida feliz é realmente continuar acrescentando mais e mais coisas a ela até eu morrer?" A resposta, obviamente, é que não. Pior do que a inutilidade inerente dessa estratégia é o fato de ela ser cada vez menos eficaz conforme a nossa primeira curva do sucesso começa a declinar e nossos esforços passam a gerar menos recompensas.

Para sairmos da primeira curva rumo à segunda, em vez de acrescentarmos mais e mais coisas à vida, precisamos compreender por que isso não funciona e começar a cortar os excessos.

Lista de coisas para fazer antes de morrer

A estratégia de conseguir, possuir e fazer cada vez mais e mais em busca da felicidade tem um nome: *bucket list*, ou "lista de coisas para fazer antes de morrer". Se você pesquisar esse termo no Google, vai encontrar quase doze bilhões de resultados. Como é de conhecimento geral, essa é a lista de todas as coisas que você quer ver, fazer e adquirir antes de morrer. É exatamente a mesma ideia de acrescentar pinceladas para terminar uma obra de arte: faça de tudo para conseguir ter uma vida plena e realizada.

Conheço muitas pessoas que seguem essa estratégia, e você, sem dúvida, já ouviu falar dela. Às vezes, eu me pego pensando em um homem que conheci na adolescência. Ele era um empreendedor que investiu cedo na área de softwares, bem no momento no qual a revolução que mudaria nossa vida estava prestes a acontecer. Ele tinha crescido pobre e nunca tivera muito sucesso profissional, até passar dos 30 anos, fase em que se tornou parte da equipe responsável pelo desenvolvimento de um produto inovador — um programa de computador até hoje conhecido —, que o tornou mais rico do que nos seus sonhos mais loucos.

Depois disso, toda a identidade dele passou a ser de "Empreendedor de Sucesso": uma pessoa especial por excelência. Mas era necessário mais do que um grande sucesso para permanecer especial. Ele buscou, mas não encontrou nenhum outro sucesso profissional no caminho. Então foi olhar sua lista de coisas para fazer antes de morrer. Comprou casas. Comprou carros, às dúzias. Comprou gadgets, obras de arte e qualquer engenhoca cara que chamasse sua atenção. A velocidade com que comprava as coisas ultrapassava a habilidade necessária para dar conta de curti-las: ele usava a sala de jantar como uma espécie de depósito para as caixas fechadas cheias das coisas que adquirira. Os quadros ficavam no chão, em vez de pendurados nas paredes. Os carros permaneciam estacionados.

Certa vez, ele me disse, citando o empreendedor Malcolm Forbes com aprovação: "Aquele que morre com mais brinquedos ganha."[3] Lembro que pensei: *Na verdade, aquele que morre com mais brinquedos morre.*

A forma como ele lidava com o tempo e seus relacionamentos refletia em seu comportamento consumista. Viajava constantemente, eliminando lugares de sua lista — castelos na Alemanha, templos no Camboja, icebergs no Ártico. E tirava milhares de fotos para mostrar aos outros o que tinha visto. De forma similar, considerava suas amigas centenas de pessoas as quais mal conhecia, mas com quem tinha fotos. Ele colecionava pessoas.

Ainda assim, não era feliz — pelo contrário. Estava sempre se gabando do seu sucesso do passado — a definição do seu eu objetificado — e buscava alguma nova aventura para fortalecer essa autoimagem. Enquanto isso, sua crescente coleção de itens, experiências e pessoas se empilhava como um substituto para o sucesso pelo qual ele obviamente ansiava. Mas esse anseio nunca era satisfeito.

Esse não é um problema novo. Vamos conhecer dois homens que o resolveram.

De príncipes a sábios

Nascido na nobreza em 1225, Tomás de Aquino era filho do conde Landulfo de Aquino e foi criado no castelo de sua família na cidade de Roccasecca, na região central da Itália. O irmão de Landulfo (tio de Tomás), Sinibaldo, era abade no primeiro mosteiro beneditino, em Monte Cassino, um posto com enorme prestígio social. Por ser filho de uma família nobre, esperava-se que Tomás entrasse para a igreja e sucedesse ao seu tio naquele posto cobiçado.

Tomás, porém, não tinha interesse na glória mundana. Aos 19 anos, anunciou sua intenção de entrar para a recém-criada Ordem Dominicana, um grupo de monges dedicado aos pobres e à pregação itinerante. Ele sentia que essa era a sua real identidade. A vida de riqueza e privilégio que levava precisava ser desbastada para que ele encontrasse seu verdadeiro eu.

Sua família não estava de acordo. Um Aquino não podia ser um pobre qualquer! (Pais e mães costumam objetificar filhos e filhas, não é mesmo?) Em determinado momento, até mandaram sequestrá-lo dos dominicanos e prendê-lo em um castelo, onde ele foi mantido por um ano. Como Tomás estava determinado a manter sua resolução mesmo preso, seus irmãos tentaram abalar sua fé e contrataram uma prostituta para seduzi-lo. Ele a enxotou do castelo com um ferro em brasa.

A família Aquino finalmente aceitou, e ele passou a trabalhar como um acadêmico em claustro, produzindo densas obras de filosofia, que o deixavam feliz de verdade.[4] Ele não apenas trocou a singularidade mundana pela satisfação divina como também se tornou especialista nessa distinção. Em seu ponto de vista, as pessoas que optam pelo caminho mundano estão escolhendo "substitutos para Deus": ídolos que objetificam o idólatra, mas nunca satisfazem seu anseio por felicidade.[5] A lista elaborada por ele quanto aos ídolos que nos atraem parece verdadeira ainda que você não seja religioso.

São eles: *dinheiro*, *poder*, *prazer* e *honra*.

O último dos quatro, honra, talvez seja mais dificilmente encarado como um apego tóxico. No mundo de hoje, *honra* tem uma conotação muito positiva. Tenho um filho no Corpo de Fuzileiros Navais dos Estados Unidos, e espera-se que ele "sirva com honra". Entretanto, não era esse o significado para Tomás. Honra, neste caso, se refere à fama — ser conhecido por muitos. Mas, antes que você dispense isso, dizendo que não é um problema para você ("Eu não ligo para ser famoso!"), a palavra também se refere aos primos traiçoeiros da fama: prestígio e admiração — a atenção benéfica de pessoas que "importam". Muitos leitores que são bem-sucedidos mas ansiosos se apegam demais ao prestígio profissional ou ao social.

Tomás argumentava que esses ídolos nos deixam insatisfeitos porque não são o que precisamos enquanto pessoas completas; são as moedas falsas dadas ao nosso eu especial e objetificado. Ele usa o exemplo do dinheiro:

> O desejo pela riqueza e por quaisquer outros bens temporais... quando já os possuímos, os desprezamos e buscamos outros... A razão para isso é termos uma consciência maior de sua insuficiência quando os possuímos: e esse fato em si mostra como são imperfeitos. O bem soberano não está ali.[6]

Em outras palavras, não traz satisfação. Tomás dá o mesmo tratamento ao poder, ao prazer e à honra e conclui, em cada um dos casos, que eles são, de fato, inadequados para nos dar o que nosso coração deseja.

Tomás, no entanto, não apenas pregou esse preceito — lembre-se, ele viveu isso. Ele só encontrou a verdadeira grandeza quando renunciou à *definição* mundial de grandeza, ao desbastar das recompensas mundanas para encontrar seu eu essencial. Se Tomás tivesse se tornado um elegante abade beneditino, o único registro da vida dele seria em uma lista de abades da Idade Média, e a única pessoa que saberia de sua existência seria um aluno de Ph.D. trabalhando em uma obscura tese de doutorado.[7] Em vez disso, ele se tornou conhecido como o maior filósofo de sua época, que ainda faz sombra sobre o pensamento ocidental e a Igreja Católica.

A sabedoria de Tomás de Aquino pode ser aplicada de forma muito prática para nos ajudar a compreender os excessos que *precisamos* desbastar de nossa vida para alcançarmos a felicidade. Tenho um jogo que gosto de chamar de "Qual é meu ídolo?". Eis como funciona: classifique os quatro apegos de Tomás em relação ao controle que eles têm sobre você, a começar pelo que atrai menos. Talvez você não goste de ter poder sobre as pessoas — esse apego, então, seria o número quatro. E, talvez, ainda que dinheiro seja bom, você não se mataria por ele — o que o colocaria na terceira posição. Agora, continue... prazer talvez seja algo mais complicado. Mas você consegue controlar esse apego, apesar da atração que ele exerce, então digamos que seja o número dois. Com isso, resta a fama — ou prestígio, ou admiração... o fardo de sempre querer a atenção dos outros... aquela coisa que deixa você com um pouco de vergonha, mas está sempre impondo um domínio, e nunca trazendo satisfação. Esse é o *seu* ídolo, e, quanto mais o tem, mais objeto você se torna.

A história de Tomás de Aquino não é única nem especificamente ocidental. Pense em Sidarta Gautama, um príncipe nascido em 624 a.C., filho de Sudodana, líder do clã Xáquia, que viveu na região onde hoje fica a fronteira entre o Nepal e a Índia. Como a mãe de Sidarta morreu poucos dias após o nascimento do príncipe, Sudodana prometeu proteger o filho das tristezas da vida e, assim, o manteve dentro do palácio, onde todas as suas necessidades e os seus desejos mundanos seriam satisfeitos.

Sidarta nunca se aventurou para fora do palácio até completar 29 anos, quando, vencido pela curiosidade, pediu a um cocheiro que lhe mostrasse o mundo exterior. Na cidade fora do palácio, ele conheceu um ancião — seu primeiro contato com a velhice. O cocheiro explicou que todas as pessoas envelheciam. Ao retornar ao palácio, Sidarta ficou abalado por conta da revelação e pediu para sair uma segunda vez. Em seu segundo passeio, encontrou um homem acometido pela doença, um cadáver em decomposição e um asceta. Mais uma vez, ficou perturbado por conta da doença e da morte, mas perplexo com o asceta. O que o homem buscava, senão os prazeres mundanos de que o príncipe desfrutava em abundância? A resposta do cocheiro mudou a vida de Sidarta: o asceta, ao renunciar aos prazeres mundanos, buscava se libertar do medo da doença e da morte que Sidarta achara tão perturbadoras.

Impactado por tudo, Sidarta deixou seu reino no dia seguinte para aprender sozinho como enfrentar o sofrimento da vida, como um asceta. Viveu os seis anos seguintes na pobreza, renunciando a todos os prazeres, passando fome e se expondo à dor. Mas a iluminação não vinha. Certo dia, estando faminto, uma jovem lhe ofereceu uma tigela de arroz. Sidarta aceitou, e foi quando teve um lampejo de que a renúncia por si só não era a chave para se livrar dos tormentos da vida. Ele comeu, bebeu, se banhou e, então, sentou-se sob a Árvore Bodhi, com o juramento de não se mover até encontrar a verdade.

Nos muitos dias que se seguiram, a verdade apareceu para Sidarta: não conseguimos nos livrar do sofrimento renunciando às coisas do mundo, e sim nos livrando do *apego* a elas. Trata-se de um Caminho do Meio entre o extremismo ascético e a autoindulgência, pois ambos levam ao apego e, assim, à insatisfação. Naquele momento de despertar, Sidarta se tornou Buda.

Buda deixou como legado um guia prático — as Quatro Nobres Verdades — para lidar com esses apegos problemáticos.

Nobre Verdade 1: Vida é sofrimento (*dukkha*, em sânscrito) por causa da insatisfação crônica.

Nobre Verdade 2: A causa desse sofrimento são o anseio, o desejo e o apego às coisas mundanas.

Nobre Verdade 3: O sofrimento pode ser derrotado ao se eliminar o anseio, o desejo e o apego.

Nobre Verdade 4: A forma de eliminar o anseio, o desejo e o apego é seguindo o *magga*, o Nobre Caminho Óctuplo do budismo.

Vamos colocar essas verdades na linguagem do nosso problema: aprendi com o meu sucesso mundano a buscar pela satisfação nas recompensas mundanas que, em última análise, não são satisfatórias. Vou sofrer de insatisfação quando conseguir essas recompensas se eu me apegar a elas e vou sofrer ainda mais quando não as conseguir de novo. A única solução para esse problema é me livrar dos meus apegos e redefinir meus desejos. Fazer isso é o meu caminho para a iluminação — e para a minha segunda curva.

Perceba que nem Tomás nem Buda argumentaram que existe algo inerentemente mau nas recompensas mundanas. De fato, elas podem ser usadas para o bem. O dinheiro é essencial para o funcionamento de uma sociedade e o sustento de uma família; o poder pode ser utilizado para impulsionar os outros; o prazer fermenta a vida; e a fama pode atrair a atenção para as fontes de elevação. Mas se forem *apegos* — o foco da atenção da nossa vida e fins em vez de meios —, o problema é simples: não são capazes de nos trazer a *satisfação* intensa que desejamos.

Corremos atrás dos nossos apegos mundanos a fim de chegar ao topo da nossa primeira curva do sucesso. Trabalhamos até o fim de nossos dias para alcançarmos uma satisfação ilusória; quando a curva do sucesso começa a decair, os apegos nos trazem muito sofrimento. E devemos eliminar esses apegos a fim de viabilizar nosso salto para a segunda curva.

A ciência da satisfação

Demorou apenas dois milênios, mas a cultura popular e a ciência social moderna enfim conseguiram alcançar a sabedoria de Sidarta e Tomás de Aquino, e podem nos ajudar a compreender ainda melhor o problema do apego.

Se você conhece apenas uma música dos Rolling Stones, provavelmente é o *megahit* de 1965 "(I Can't Get No) Satisfaction", que fala sobre não conseguir obter nenhuma satisfação, como o próprio título explicita. Ela é uma das canções mais populares de todos os tempos não por se tratar de uma grande composição, e sim porque afirma a verdade sobre a vida. Em algum lugar, bem no fundo de nosso cérebro de lagarto (para ser mais preciso, o sistema límbico), bem abaixo do nosso nível de consciência, a satisfação é definida por esta equação tortuosamente simples:

Satisfação = Conseguir o que você quer

É uma equação tão incrivelmente simples que até um bebê consegue segui-la! Não acredita em mim? Dê a uma criança de l ano a batata frita que ela estava tentando pegar e observe sua expressão. É mais ou menos a mesma expressão que você fez quando recebeu sua última grande promoção no trabalho. Você de fato a queria e batalhou por ela, e, quando a conquistou, a recompensa foi intensamente satisfatória.

Quero dizer, intensamente satisfatória por alguns dias, no máximo. E esse é o problema de verdade, não é? A música, na verdade, deveria se chamar "(I Can't *Keep* No) Satisfaction" — não consigo *manter* nenhuma satisfação. Sabemos mais ou menos o que fazer para satisfazermos nossos desejos, mas somos péssimos quando se trata de fazer a sensação perdurar. É quase como se nosso cérebro não nos permitisse curtir nada por muito tempo.

E é exatamente isso que está acontecendo. Para entender por quê, é necessário apresentar o conceito de "homeostase", que é a tendência natural de todos os sistemas vivos de manter condições estáveis para a sobrevivência. O termo foi introduzido em 1932 por um fisiologista chamado Walter Cannon em seu livro *A sabedoria do corpo*, em que mostrou que temos mecanismos internos para regular níveis de temperatura, água, sal, açúcar, proteína, gordura, cálcio e oxigênio.[8]

A homeostase nos mantém vivos e saudáveis, mas também explica como as drogas e o álcool funcionam. Quando você toma uma bebida forte ou uma dose de heroína pela primeira vez, é um enorme choque para seu sistema despreparado, e é por esse motivo que dependentes químicos sempre anseiam a sensação da primeira vez. E esse processo não vale apenas para drogas pesadas: eu me lembro da primeira vez que bebi muito café. No oitavo ano, o pai e a mãe de um amigo compraram uma máquina de café expresso (o que, em 1977, era muito raro). Cresci em Seattle, e fomos ao Starbucks — o

Comece a cortar os excessos 93

único Starbucks do mundo naquela época — e compramos meio quilo de café. Tomamos oito expressos cada um. Eu me lembro de subir no telhado dele naquela noite, de a calha fazer um corte na minha barriga e, enquanto eu sangrava profusamente, de pensar em como as estrelas eram lindas e brilhantes. (Aliás, é possível conseguir uma versão mais branda dessa experiência ao consumir qualquer substância viciante pela primeira vez no dia. É por isso que o Starbucks promove uma campanha sobre "aquela sensação do primeiro gole".)

Enquanto esse primeiro gole — ou tragada, ou o que for — possa lhe gerar uma sensação de prazer, o cérebro sente seu equilíbrio sendo atacado e reage para tentar neutralizar a droga que entrou no organismo, inviabilizando que se tenha a primeira sensação outras vezes. Hoje em dia, eu poderia tomar café o dia todo e mesmo assim, em hipótese alguma, subiria no telhado. Além disso, a homeostase também é a responsável pelo efeito rebote de qualquer substância recreativa, desde a ressaca da bebida até a abstinência da heroína ou a fadiga depois que a cafeína desaparece do seu organismo.

O vício é basicamente uma má adaptação da homeostase, na qual o cérebro se torna muito adepto de lidar com ataques constantes ao seu equilíbrio. Enquanto a primeira bebida alcoólica aos 14 anos causa uma embriaguez enorme e incrível, o primeiro drinque do dia após anos de abuso provoca apenas uma leve animação, e, quando o efeito acaba, a sensação é a de se estar péssimo. Enquanto isso, seu cérebro está sofrendo de "antiálcool", ou seja, você precisa do álcool apenas para se sentir "normal".

O mesmo conjunto de princípios rege as suas emoções. Quando você passa por um choque emocional — bom ou mau

—, seu cérebro quer se reequilibrar, então é difícil ficar muito tempo com o astral muito alto ou muito baixo. Isso é ainda mais relevante para emoções positivas, o que faz sentido em termos evolutivos para a sobrevivência. A alegria que o seu ancestral das cavernas sentiu ao encontrar uma fruta doce não poderia ocupá-lo por muito tempo, ou ele ficaria distraído da ameaça de um tigre, que faria dele um ótimo almoço.

É por isso que, quando se trata de sucesso, nunca temos o suficiente. Se a base do seu valor próprio é o sucesso, você tende a sair de uma vitória para a outra para evitar se sentir mal. Isso é homeostase pura em ação. A empolgação do sucesso é logo neutralizada, e o que sobra é uma sensação de ressaca. Sabendo que você vai buscar a empolgação outra vez muito em breve, seu cérebro acaba se adaptando a um sentimento padrão de antissucesso. Após um tempo, você precisa de sucesso constante apenas para não se sentir um fracassado. É a isso que nós, cientistas sociais, nos referimos como "esteira hedônica". Você não para de correr, mas não faz progresso quanto ao seu objetivo — simplesmente evita parar ou desacelerar e ser jogado para trás.

Então, vamos voltar à nossa equação e atualizá-la a fim de refletir sobre tudo isso de forma mais precisa:

Satisfação = Conseguir o que você quer continuamente

O que o seduz é o sentimento fugaz de que conseguiu, apesar de estar, em termos emocionais, correndo no mesmo lugar na esteira hedônica. E isso é muito pior quando suas habilidades estão entrando em declínio — a sedução está cada vez mais longe, embora você nunca tenha corrido tão rápido. Assim, o problema da insatisfação é parte do problema do declínio.

Há alguns anos, assisti a um desenho animado em que um homem em seu leito de morte diz aos seus amados enlutados: "Gostaria de ter comprado mais besteiras." As pessoas bem-sucedidas costumam continuar trabalhando para aumentar a riqueza e acabam por acumular muito além do que conseguiriam gastar e mais do que querem deixar de herança. Um dia, perguntei a um amigo rico por que isso acontece. A resposta dele foi que a maioria das pessoas que ficaram ricas só sabe medir o próprio valor em termos materiais, então continua na esteira hedônica de ganhar e adquirir, ano após ano. Elas esperam que, em algum ponto, finalmente se sintam bem-sucedidas e felizes de verdade, portanto prontas para morrer.

Mas nunca dá certo.

Falhas na matriz evolutiva

Segundo a psicologia evolucionista, nossa tendência de lutar por mais e mais é perfeitamente compreensível. Ao longo de grande parte da história, a maioria dos humanos esteve à beira da fome. Um homem das cavernas "rico" tinha algumas peles extras de animais, pontas de flecha e, talvez, umas poucas cestas de milho e peixe seco guardadas. Essa definição de "mais" definitivamente lhe dava uma vantagem de sobrevivência, pois se sairia melhor em um inverno rigoroso.

Nosso ancestral das cavernas, porém, não queria apenas se sair melhor no inverno, ele tinha ambições maiores. Queria encontrar uma companheira e ter filhos. E o que viabilizaria isso? Não era uma questão de ter apenas o suficiente; não, ele precisava ter mais do que o rapaz da caverna ao lado, para que fosse um partido melhor no mercado de acasalamento.

Isso explica a nossa estranha fixação ao longo da vida com a comparação social baseada na posição e na riqueza. Quando falamos sobre a satisfação advinda do sucesso, há outro elemento a se considerar: o sucesso é relativo. Afinal, a hierarquia social é baseada nas pessoas da nossa comunidade, seja no âmbito que for — geográfico, profissional ou virtual. Conheço pessoas com um patrimônio de centenas de milhões de dólares que se sentem fracassadas porque os amigos são bilionários. Existem celebridades em Hollywood que ficam deprimidas porque alguém é *mais* famoso.

Todos nós sabemos muito bem que a comparação social é ridícula e prejudicial — abordamos o assunto no capítulo anterior —, e as pesquisas amparam essa afirmação. Os estudiosos mostram que esbanjar dinheiro gera ansiedade e depressão.[9] Em experimentos em que humanos montavam quebra-cabeças, as pessoas mais infelizes eram consistentemente aquelas que mais comparavam o próprio desempenho com o dos outros participantes.[10] Aquela pequena onda de prazer que nos invade quando alguém sente inveja de nós é engolida pela infelicidade de termos menos que alguma outra pessoa de uma hora para a outra. O desejo de ter mais do que os outros, no entanto, nos arrasta de forma implacável.

Infelizmente, a sensação é de que é impossível parar o jogo da comparação. Com isso, chegamos a mais uma equação:

Sucesso = Ter mais do que os outros continuamente

Em outras palavras, a satisfação advinda do sucesso requer não apenas que você corra sem parar na esteira hedônica como também que corra um pouco mais rápido do que os outros em suas respectivas esteiras.

Mas ainda piora. Na sua esteira, você não está apenas buscando algo em um grande exercício em vão. Algo vem logo atrás em seu encalço, perseguindo-o: o fracasso. Talvez você saiba muito bem que não está andando para a frente de verdade na sua esteira. Mas, se parar de correr, tem a consciência de que vai ser arremessado para trás como em um terrível e hilariante meme viral. Isso parece cada vez mais provável, porque o declínio inevitável nas habilidades significa que, mesmo quando você corre mais rápido, gradualmente cai para trás.

Esse processo, óbvio, provoca medo, e assim:

Fracasso = Ter menos

Ainda mais forte do que o nosso desejo por *mais* é a nossa resistência ao *menos*. Tentamos evitar perdas com ainda mais afinco do que alcançar ganhos. Essa é a ideia que ganhou o Prêmio Nobel em Economia na figura de Daniel Kahneman, da Universidade de Princeton, por seu trabalho com Amos Tversky sobre a *teoria da perspectiva*.[11] Essa teoria desafia a suposição de que as pessoas são agentes racionais que avaliam ganhos e perdas da mesma forma; na verdade, ela afirma que as pessoas são muito mais afetadas emocionalmente ao perder algo do que ao ganhar.

Temos o que Kahneman e Tversky chamam de "aversão à perda": o motivo por que os noticiários surtam quando o mercado de ações cai 10%, comparado a quando sobe o mesmo percentual. É também a razão pela qual detestamos tanto a decepção e, como a pesquisa mostra, estamos dispostos a grandes esforços para evitá-la.[12] Meu falecido pai, por exemplo, era famoso por seu pessimismo. Eu me lembro de uma vez em que estávamos em uma longa viagem de carro pela área rural de Montana e ele anunciou que provavelmente ficaríamos sem gasolina e teríamos que passar a noite dentro do carro no acostamento da estrada. Olhei para o marcador de gasolina e vi que ainda tinha mais de meio tanque. Perguntei por que ele sempre supunha o pior dos cenários. Ele me respondeu: "É melhor ter uma surpresa agradável do que uma decepção."

Mais uma vez, faz total sentido sob o viés evolutivo. Em uma época em que os humanos estavam quase sempre famintos — a maior parte da história humana na maior parte do mundo, antes de a era industrial começar —, ganhar era legal, mas perder podia ser letal. Tipo quando alguém entra sorrateiramente na sua caverna e pega seu estoque de carne seca de búfalo, e você morre de fome. A teoria da perspectiva explica por que você se sente tão mal quando perde o relógio, mesmo se tiver outros quatro. Na sua mente, você está confundindo o relógio com o estoque de carne de búfalo do seu homem das cavernas.

O instinto neurobiológico nos impulsiona, mesmo depois de a prosperidade se espalhar e ser democratizada por meio da industrialização, da globalização e do empreendimento. Um inverno rigoroso não é uma ameaça mortal para quase ninguém no mundo industrializado — ou, pelo menos, na maioria dos lugares nos dias de hoje —, e a cada ano que passa isso está se tornando mais verdadeiro. Ainda assim, temos o ímpeto de adquirir *mais* para obter boas sensações e exibir nosso sucesso para os outros, assim como o de evitar o *menos* a fim de não adquirir sentimentos ruins como o medo e a vergonha.

Na vida moderna, não faz sentido gastar nossas energias para ter cinco carros, cinco banheiros, nem mesmo cinco camisas, mas nós simplesmente... queremos. Neurocientistas nos dizem por quê.[13] A dopamina — o neurotransmissor do prazer por trás de quase todos os comportamentos relacionados ao vício — é expelida em resposta aos pensamentos a respeito de comprar coisas novas, ganhar dinheiro, conseguir mais poder e notoriedade ou, até mesmo, ter novos parceiros sexuais.[14] O cérebro evoluiu para nos recompensar pelos comportamentos que nos mantêm vivos e que aumentam as chances de transmitir nosso DNA adiante. Isso pode ser um anacronismo nos tempos modernos, porém é um fato em nossa vida.

Eis o problema: as equações neste capítulo regulam nossos picos de dopamina para prazeres no curto prazo. Mas não atendem a nenhuma satisfação duradoura. Isso é ainda mais verdadeiro conforme nos dirigimos para a segunda metade da nossa vida. Quando somos jovens e temos relativamente pouco construído e adquirido e muito a provar, mais recompensas mundanas podem ser satisfatórias por algum tempo, mas, conforme envelhecemos, começamos a perceber que a satisfação nunca dura e, então, nos damos conta da tolice desse sistema. Enquanto isso, o medo nos assombra quando começamos a ficar para trás. Desse modo, o psiquiatra e psicoterapeuta Carl Jung observou: "O que é um objetivo normal para um jovem se torna um entrave neurótico na terceira idade."

Minha ilustração preferida desse fato é de Abderramão III, o emir e califa de Córdoba, na Espanha, no século X. Ele era um governante absoluto que vivia no mais completo luxo. Eis como ele avaliou a própria vida quando estava por volta dos 70 anos:

Meu reino já dura mais de cinquenta anos, com vitórias e paz; amado pelos meus súditos, temido pelos meus inimigos e respeitado pelos meus aliados. Riquezas e honrarias, poder e prazer, sempre estiveram à minha disposição, e toda bênção mundana sempre pareceu querer satisfazer à minha felicidade.[15]

Fama, riqueza e prazer além da imaginação. Parece incrível, não é mesmo? Mas ele continua:

Contei de forma diligente os dias de puro prazer e felicidade genuína que tive em minha vida. E eles somam catorze.

Uma matemática melhor

Resumindo, temos aqui três fórmulas para explicar tanto nossos impulsos quanto a razão por que parece que nunca conseguimos atingir a satisfação duradoura.

Satisfação = Conseguir o que você quer continuamente
Sucesso = Ter mais do que os outros continuamente
Fracasso = Ter menos

A insatisfação é a doença que faz com que busquemos nossas recompensas mundanas em níveis cada vez mais altos. A inutilidade de obter satisfação é uma das razões por que o declínio profissional é tão doloroso: desesperados por conquistar o suficiente para alcançar a satisfação, descobrimos que, em vez disso, estamos andando para trás. Estamos caindo lentamente da nossa esteira hedônica.

Em nosso coração, sabemos disso, óbvio. Mas, *mesmo sabendo*, o problema parece irresolúvel. Uma prova surpreendente disso é que o inventor do termo "esteira hedônica", Philip Brickman — o famoso psicólogo também responsável por mostrar que ganhar na loteria não traz nenhuma satisfação duradoura —, se suicidou, jogando-se do prédio de seu gabinete na Universidade de Michigan.[16] Ou pense no empreendedor Tony Hsieh, fundador do Zappos, pioneiro do varejo on-line e autor do mega-seller *Satisfação garantida*. Ele morreu em 2020, aos 46 anos, após um longo período de abuso de drogas e outros comportamentos autodestrutivos, que resultou em pelo menos uma ligação para a emergência durante a qual ele ameaçou atentar contra a própria vida.[17]

Mas, antes que você perca toda a esperança, tenho uma boa notícia: a satisfação é possível, só não com as velhas fórmulas. Precisamos nos livrar de toda a matemática errada e, em vez disso, usar esta única equação, que incorpora a sabedoria de Sidarta, de Tomás de Aquino e da melhor ciência social moderna:

$$\text{Satisfação} = \text{O que você tem} \div \text{O que você quer}$$

A satisfação é o que você *tem* dividido pelo que você *quer*. Percebeu a diferença das equações anteriores? Todas as fórmulas evolucionistas e biológicas focam o numerador no que temos. Se você está insatisfeito com a sua vida, provavelmente vem seguindo essas fórmulas há muitos anos. Mas elas ignoram o denominador da equação: os desejos. Conforme você aumenta o que tem sem gerenciar seus desejos, estes vão proliferar e se espalhar. É possível que você fique cada vez menos satisfeito conforme sobe a escada do sucesso, pois seus desejos *sempre* vão ultrapassar o que você tem. E, quando isso acontece, a sua satisfação despenca.

Vi isso acontecer uma centena de vezes. Uma pessoa busca enorme sucesso material, mas, quanto mais rica e famosa fica, menos satisfeita se sente. A Mercedes traz menos satisfação aos 50 do que o Chevy aos 30. Por quê? Porque agora o desejo é por uma Ferrari. A pessoa nem sabe o que está acontecendo — apenas volta para a esteira e começa a correr, correr e correr. O mundo está cheio de maneiras inteligentes de fazer seus desejos extrapolarem sem você sequer se dar conta. Lembre-se de que, quando você continua correndo na esteira, pessoas estão ganhando dinheiro porque você está tentando satisfazer desejos cada vez maiores enquanto tem cada vez mais coisas. Ninguém está a salvo. Mesmo o mais iluminado dos homens, Sua Santidade, o Dalai Lama, admite isso. "Às vezes, vou a supermercados. Eu realmente amo supermercados, porque posso ver muitas coisas bonitas. Então, quando olho para todos aqueles produtos diferentes, desenvolvo um sentimento de desejo, e meu impulso inicial pode ser 'eu quero isso, eu quero aquilo'."[18]

Isso não é sinistro. As empresas não são responsáveis pela nossa satisfação; *nós somos*. E isso não quer dizer ficar tentando em vão seguir em frente em uma esteira cada vez mais veloz, enquanto cai de novo e de novo em truques de marketing. Significa desligar a esteira ao gerenciar seus desejos. Nas palavras do santo católico espanhol Josemaría Escrivá: "Tem mais aquele que precisa de menos. Não cries necessidades."[19]

1. PERGUNTE POR QUÊ, NÃO O QUÊ

Se você está pronto para gerenciar seus desejos — para começar a cortar os excessos —, o primeiro passo é perguntar de qual âmbito, exatamente, você precisa cortar os excessos. E isso levanta a questão: "Qual é o meu *por quê*?" O autor best-seller e palestrante Simon Sinek sempre aconselha as pessoas que estão em busca do verdadeiro sucesso no trabalho e na vida a encontrarem seu por quê.[20] Ou seja, ele diz que, para que elas destranquem seu verdadeiro potencial e felicidade, precisam articular seu maior propósito na vida e tirar as atividades que não servem a esse propósito. Seu por quê é a escultura dentro do bloco de jade.

A maioria das pessoas vive concentrada no *quê* da vida delas — não conseguem ver além das pinceladas que deram na tela. Por exemplo, eu costumo me ver como "professor universitário", "o cara que escreve livros" ou algo do gênero. Outros podem focar apenas os *quês* de suas respectivas vidas diárias. Leia este e-mail que recebi de uma jornalista de sucesso de 51 anos:

> Eu e minha melhor amiga costumamos nos perguntar se um dia vamos nos arrepender de não termos aproveitado mais essa época da nossa vida. Concordamos que sim, então desligamos o telefone e voltamos para a loucura. Acho que ninguém quer essa loucura, mas queremos casas bonitas, boas escolas, férias, comida orgânica, faculdade, igreja, acampamento e, então, nos vemos presos às nossas circunstâncias.

Reflita sobre o que ela disse: que *sabe* que a felicidade está além dessas distrações. Mas é complicado demais, perturba demais a vida comum, então ela nunca começa a fazer as mudanças necessárias para alcançar a felicidade que sabe que deseja.

No mesmo dia em que esse e-mail chegou para mim, recebi outro de uma pessoa cujas circunstâncias de vida eram muito parecidas: uma mulher com pouco mais de 50 anos, bem-sucedida profissionalmente, mas que tinha dificuldade de desapegar das coisas. Ela, no entanto, teve a vida sacudida pela morte do pai.

Não sinto [mais] a necessidade de estar cercada de coisas... principalmente depois que meu pai morreu na casa dele e os paramédicos quase não conseguiram alcançá-lo de tão cheia que a casa estava. Foi uma grande lição que aprendi.

O pai dela se encontrava inalcançável na hora da morte por causa de um amontoado físico. A mulher que me mandou esse e-mail se perguntava se ela se encontrava inalcançável por causa do amontoado psicológico de uma vida gasta construindo um enorme rochedo, levando-a a desbastar os quês para encontrar o seu por quê.

Escutei essa história inúmeras vezes: as pessoas não percebem seus apegos doentios na vida até enfrentarem uma perda ou uma doença que faz as coisas importantes voltarem ao foco. Pesquisadores têm descoberto de forma consistente que a maioria dos indivíduos que sobrevivem a doenças e perdas experimenta um *crescimento pós-traumático*. De fato, pessoas que superaram um câncer tendem a relatar níveis mais altos de felicidade do que pessoas no mesmo patamar demográfico que não tiveram a doença.[21] Converse com os integrantes desse primeiro grupo, e eles lhe dirão que não se importam mais com os apegos estúpidos que costumavam carregar, sejam posses, sejam preocupações com dinheiro ou relacionamentos infrutíferos. A ameaça de uma morte prematura fez com que uma britadeira quebrasse a jade que envolvia o verdadeiro eu deles — a razão de sua vida.

Mas você não precisa passar por uma perda trágica ou levar um susto com a sua saúde para começar esse processo. Pouco tempo atrás, encontrei Luther Kitahata, empreendedor de 55 anos que vive na Califórnia. Luther não é famoso em escala global, mas viveu o "sonho americano": seu pai e sua mãe são um casal de imigrantes que o incentivaram a estudar muito, trabalhar duro e ter sucesso. Um sonho que, no caso, ele conseguiu: se tornou cientista da computação e fundou sete empresas. Luther passou toda sua carreira se esforçando na esteira do sucesso, buscando as recompensas extrínsecas — e conseguia, mas logo ficava insatisfeito e começava a correr de novo.

Finalmente, por volta dos 50 anos, frustrado e vazio, Luther começou a cortar os excessos dos seus desejos. "Meu cérebro não foi programado para se motivar por paixão, significado ou propósito", ele me disse. "Meu cérebro foi previamente programado para se motivar pelo medo." Levou alguns anos, mas Luther conseguiu se afastar de sua antiga carreira e agora ensina outros como reconstruir — ou, talvez, desconstruir — a própria vida. Ele também passa mais tempo com a família e em busca de desenvolver sua vida espiritual. Óbvio, há menos dinheiro, poder e fama envolvidos. Entretanto, hoje em dia ele está satisfeito pela primeira vez na vida.

Luther teve sucesso ao saltar para a segunda curva quando parou de acrescentar e começou a cortar os excessos. Como ele resumiu: "Estou amando a minha vida."

Você também pode dizer isso, mas precisa começar a cortar os excessos — gerenciar seus desejos mundanos — antes que mais tempo passe. Lembre-se: quanto mais demorar, mais a sua inteligência fluida puxará você para baixo e mais difícil será dar o salto.

2. A LISTA REVERSA DO QUE FAZER ANTES DE MORRER

Uma segunda forma de começar a tarefa de cortar os excessos é pegar os conselhos que nos tornam *Homo economicus* insatisfeitos e simplesmente fazer o contrário. Por exemplo, gurus de autoajuda costumam aconselhar a avaliar sua lista do que fazer antes de morrer, a *bucket list*, no seu aniversário, para reforçar suas aspirações mundanas. Fazer uma lista do que você quer é temporariamente satisfatório, porque estimula dopamina, os neurotransmissores do desejo, o que se torna prazeroso.

Entretanto, ela cria apegos, que por sua vez geram insatisfação à medida que aumentam em proporção. Lembrem-se do amigo que mencionei anteriormente, que buscava satisfação ao cumprir itens de sua lista. Como Buda disse no *Dhammapada*: "O anseio de uma pessoa que vive descuidada cresce como uma trepadeira [...] Quem quer que se deixe vencer por este anseio miserável e pegajoso, as suas tristezas crescerão como a erva depois das chuvas."[22] Pessoalmente, segui na direção oposta e fiz uma "lista reversa do que fazer antes de morrer" para tornar as ideias deste capítulo práticas e aplicáveis na minha vida.

Todos os anos, no meu aniversário, faço uma lista dos meus desejos e apegos mundanos — as coisas que se encaixam nas categorias de Tomás de Aquino de *dinheiro, poder, prazer* e *honra*. Tento ser completamente honesto. Não coloco na lista coisas que eu não queira de verdade, como um barco ou uma casa em Cape Cod. Em vez disso, busco o meu ponto fraco, que costuma envolver a admiração dos outros. Tenho vergonha de admitir, mas é verdade.

Eu me imagino dali a cinco anos. Estou feliz e em paz. Curtindo a vida a maior parte do tempo; estou satisfeito e vivendo com propósito e significado. Eu me imagino dizendo à minha esposa: "Sabe, preciso dizer que estou muito feliz a esta altura da vida." Então, penso nas forças dessa vida

Comece a cortar os excessos 107

futura que são as principais responsáveis por essa felicidade: minha fé, minha família, minhas amizades e o trabalho que desempenho, que é inerentemente satisfatório, significativo e serve aos outros.

Depois, volto à minha lista do que fazer antes de morrer. Reflito sobre como essas coisas competem por tempo, atenção e recursos com as forças da minha felicidade. E vejo como elas são vazias em comparação. Eu me imagino sacrificando meus relacionamentos em prol da admiração de estranhos e as consequências mais para a frente na minha vida. Com isso em mente, confronto a lista das coisas a fazer antes de morrer. Em cada item, digo: "Isso não é ruim, mas não vai me trazer a felicidade e a paz que busco, então simplesmente não tenho tempo para tornar isso a minha meta. Prefiro me desapegar desse desejo."

Enfim, volto à lista de coisas que vão me trazer a verdadeira felicidade. Comprometo-me a usar meu tempo, meu afeto e minha energia para buscar essas coisas.

Esse exercício fez uma diferença enorme na minha vida. Pode ajudar você também.

3. CONCENTRE-SE NAS PEQUENAS COISAS

Um terceiro método que ajuda a pôr um fim no hábito de continuar dando pinceladas em uma tela já cheia é começar a se concentrar em coisas menores na vida. O conto satírico que Voltaire escreveu em 1759, *Cândido*, conta a história do herói jovem e ingênuo em suas aventuras com seu tutor, o otimista incansável, mestre Pangloss.[23] A história narra um horror atrás do outro: guerra, estupro, canibalismo, escravidão. Em determinado ponto, uma das nádegas de uma personagem é amputada. No fim, eles se retiram para uma pequena fazenda, onde descobrem que o segredo da felicidade não são as glórias do mundo, e sim os pequenos contentamentos, para "cultivar nosso jardim".

A satisfação não vem de buscar coisas sempre maiores, e sim de prestar atenção nas menores. O mestre budista Thich Nhat Hanh explica em seu livro *O milagre da atenção plena*: "Enquanto estiver lavando os pratos, deve-se somente estar lavando os pratos. Isso significa que você deve estar completamente ciente do que é lavar os pratos."[24] Por quê? Se ficarmos pensando no passado ou no futuro, "não estamos vivos durante o tempo em que lavamos os pratos". Estamos apenas revivendo o passado que está morto ou sendo "sugados pelo futuro" que existe apenas na teoria. Manter uma atenção plena, portanto, é estar verdadeiramente vivo.

Certa vez, eu e minha esposa estávamos na casa de grandes amigos, comendo e bebendo no jardim. Já estava escuro, e eles nos chamaram para nos reunirmos em volta de uma planta com florezinhas fechadas. Um deles nos instruiu a observar uma flor. Obedecemos e, por uns dez minutos, ficamos em completo silêncio. De repente, as flores desabrocharam, todas de uma vez — depois ficamos sabendo que isso acontecia toda noite. Arfamos, maravilhados e felizes. Foi um momento de satisfação intensa.

Veja que interessante: diferentemente do monte de lixo que havia na minha lista de coisas a fazer antes de morrer, essa satisfação durou. Ainda fico alegre ao me lembrar daquele momento — mais até do que ao me lembrar de outras "realizações" mundanas —, não porque foi a conquista de uma meta importante, e sim por ter sido uma emoção pequena e inesperada. Foi um milagrezinho que nos trouxe a sensação de receber um presente gratuito.

Olhando para a frente

Passei este capítulo inteiro repetindo a ideia de que a lista das coisas para se fazer antes de morrer não vai lhe trazer nada além de insatisfação. No entanto, permita-me falar um ponto positivo sobre essa lista: ela faz com que nos concentremos nos limites do tempo e, assim, em como utilizá-lo bem. A ideia da lista é se certificar de que você não vai chegar ao fim e dizer: "Ainda não estou pronto para morrer! Nunca andei em um balão de ar quente!" (Esse não é um mero exemplo que inventei, e sim o desejo número seis na lista de coisas a se fazer antes de morrer da maioria das pessoas, de acordo com uma pesquisa de 2017.)[25]

A morte é a coisa mais natural e normal da vida e, ainda assim, somos surpreendentemente hábeis em agir como se fosse algo anormal e uma grande surpresa. Quando falei para meus alunos da pós-graduação, que estão, em sua maioria, na faixa dos 20 anos, para contemplarem o fato de que têm pela frente cinquenta ou sessenta Dias de Ação de Graças, e desses, vinte ou trinta com seus pais, eles ficaram chocados. E isso não acontece apenas com jovens — lembre-se de que o norte-americano médio considera que o *início* da "velhice" acontece seis anos após a média de idade de morte. Evitamos pensar de forma realista sobre a extensão da nossa vida e o tempo que nos resta, com a falsa crença de que temos todo o tempo do mundo. Isso elimina a urgência das mudanças da vida, como saltar para a segunda curva.

Assim, planejar o fim é o nosso próximo desafio — e oportunidade.

CAPÍTULO 5

Reflita sobre a sua morte

CERCA DE DOIS ANOS atrás, eu estava almoçando com um velho amigo, um CEO que tem quase a minha idade. Eu contava a ele sobre a pesquisa para este livro — a inevitabilidade do declínio da inteligência fluida e como é difícil para muitas pessoas bem-sucedidas lidar com isso.

— Isso não vai ser um problema para mim — revelou ele.

— Por que não? — perguntei.

— Porque eu não vou entrar em declínio — respondeu ele. — Simplesmente vou me esforçar cada vez mais, até que as rodas parem.

Em outras palavras: trabalho, trabalho, trabalho, trabalho, *morte*. Nada de segunda curva, porque ela não é necessária.

Chamo isso de "Odeia, Odeia a Luz de Cujo Esplendor Já Não Fulgura", uma estratégia para lidar com o declínio da inteligência fluida, em homenagem ao conhecido poema de Dylan Thomas, "Não entres nessa noite acolhedora com doçura", de

1951, que incita o leitor: "Odeia, odeia a luz cujo esplendor já não fulgura." Thomas falava literalmente da morte: ele escreveu o poema para o pai que estava em seu leito de morte. E, de fato, as pessoas odeiam a morte desde sempre.

Sei o que você está pensando: *Eu não tenho medo de morrer!* Talvez sim, talvez não. Muitos psicólogos diriam que você está se iludindo ao dizer que não tem medo. Não importa, não é esse o meu ponto. O que quero dizer é o seguinte: você já disse "Meu trabalho é minha vida"? Caso sim, então seu medo do declínio é, na verdade, um *tipo* de medo da morte. Se você vive para trabalhar — se seu trabalho é sua vida ou, pelo menos, a fonte da sua identidade —, a prova de que está realmente vivo são sua habilidade e suas realizações profissionais. Então, quando elas entrarem em declínio, você estará em um processo de morte.

Como um obstinado, para começo de conversa, foi sua força de vontade e sua incansável ética de trabalho que o colocaram no topo da sua curva da inteligência fluida — e da sua profissão. Se opor é o que você faz melhor. Mas não funciona no trabalho, assim como na vida. A habilidade baseada na inteligência fluida cresce e depois entra em declínio, isso vale para todas as profissões. Em algumas mais cedo que em outras; existem diferenças primordiais, mas é um erro achar que o declínio pode ser indefinidamente adiado em uma profissão só porque ela não exige força física. Vimos que "profissões de ideias" também têm declínio — geralmente décadas antes de qualquer demência ou senilidade.

Apenas ao encarar a verdade do seu declínio profissional — um tipo de morte — você pode prosseguir no seu caminho para a segunda curva. Se não fizer isso, será como o meu amigo, tentando lutar contra o inevitável ou, pelo menos, *torcendo* para que exista alguma forma de contornar isso. E encarar essa verdade significa derrotar o medo da própria morte — literal e profissional. Esse medo deixa você algemado à sua curva da inteligência fluida. Se conseguir dominá-lo, a recompensa será incalculável: libertação.

A única forma de fazer isso, porém, é enfrentá-lo de cabeça erguida.

Compreendendo o medo da morte

"A ideia da morte, o medo disso dela, assombra o animal humano como nada mais", escreveu o antropólogo Ernest Becker em seu clássico de 1973, *A negação da morte*.[1] A maioria das pessoas tem medo da morte até certo ponto, e grande parte das pesquisas descobriu que cerca de 20% delas sentem um medo acentuado.[2] Algumas pessoas têm um medo tão extremo que chega ao nível de uma condição psiquiátrica conhecida como "tanatofobia".

Seja paralisante, seja moderado, o medo da morte tem oito dimensões distintas: medo de ser destruído, medo do processo da morte, medo dos mortos, medo pelos entes, medo do desconhecido, medo da morte consciente, medo pelo corpo depois da morte e medo de morte prematura.[3]

O primeiro é unicamente humano — o medo da não existência, de ser completamente apagado, de ser esquecido. Meu cachorro sente medo quando é ameaçado, mas, até onde sei, ele não entende o conceito de não existência, porque ele não sabe que "existe", em primeiro lugar. Assim, o medo existencial não é biológico, e sim filosófico. Ao mesmo tempo que a morte é inevitável, ela também parece impossível, na medida em que não podemos conceber a ideia de não existir. Isso cria uma dissonância cognitiva irresolúvel e insuportável. O filósofo Stephen Cave, da Universidade de Cambridge, chama esse fenômeno de "paradoxo da mortalidade".[4]

O medo do declínio envolve esse mesmo medo de não existência. Se a minha existência em relação aos outros é definida pela minha posição ou pelas minhas realizações profissionais, meu declínio vai me apagar completamente. Não surpreende que as formas como as pessoas lidam com a crise da não existência sejam as mesmas de como lidam com o declínio profissional.

Vamos considerar o caso de Walt Disney, cujos medos de morrer e do declínio se tornaram lendários. Certo dia em 1909, o menino Disney, aos 7 anos, brincava sozinho no quintal da casa de fazenda da família no Missouri, e avistou uma grande coruja marrom de costas para ele. Como qualquer menino maroto — certamente como meus filhos aos 7 anos —, ele se aproximou dela com a intenção de agarrá-la, sem pensar no que aconteceria se alcançasse o objetivo. Quando conseguiu segurá-la, a ave entrou em pânico, como era de se esperar, e começou a gritar e arranhar. Então, ele, também em pânico, a jogou no chão e a pisoteou até a morte.

Desde a Antiguidade, acreditava-se que as corujas eram um mau presságio. No ano 77 d.C., Plínio, o Velho, disse: "Quando ela aparece, é um presságio de nada além do mal." Foi verdade para Walt Disney: aquela coruja entrou em seus sonhos e o assombrou por anos, incitando nele um medo mórbido da morte e chegando a tirar o brilho de seus muitos sucessos profissionais.

O grande sucesso de Disney como animador aconteceu quando ele tinha 26 anos, em um curta-metragem intitulado *O vapor Willie* e protagonizado por Mickey Mouse. A animação tinha não apenas imagens como também som sincronizado.

Ela acabou efetivamente com o cinema mudo e garantiu o futuro de Disney como pioneiro da área do entretenimento. Mas ele logo em seguida lançou outro curta intitulado *A dança dos esqueletos*, que começa com uma coruja assustada em uma árvore, seguida por esqueletos que se levantam das tumbas. O distribuidor de Disney perguntou a Roy, irmão de Walt: "O que ele está tentando fazer, nos arruinar?" E continuou: "Volte e diga para aquele seu irmão que ninguém quer essa porcaria horrível... Mais ratos. Diga a ele que queremos mais ratos!"[5]

Essa é uma pequena amostra do que estava por vir. Como um estudioso afirmou: "Se Disney era o porta-voz do estilo de vida norte-americano, a força de sua voz dependia da sua curiosa obsessão pela morte."[6] Quase todos os seus filmes famosos tratavam desse assunto, de *Branca de Neve* a *Pinóquio*.

O declínio e a morte também ocupavam a vida pessoal de Disney. Segundo sua filha Diane, ele pensava tanto nisso que, com pouco mais de 30 anos, contratou uma cartomante para prever a data de sua morte. Ela disse que ele morreria aos 35 anos — obviamente a pior notícia que poderia receber. Viciado em trabalho e em sucesso como era, ele se jogou completamente no trabalho para se distrair. Caso se mantivesse ocupado, talvez conseguisse distrair a si mesmo *e* ao Ceifador. Ele sobreviveu aos 35 anos, mas nunca se esqueceu da previsão. Pouco depois do seu aniversário de 55, achou que poderia ter escutado errado e que a cartomante na verdade dissera 55, e não 35.

Você *realmente* quer continuar para sempre?

Sempre que alguém perguntava ao meu pai: "Como está a vida?", ele respondia alegremente: "Melhor do que a outra alternativa!" Se você vive para trabalhar, é possível que dê a mesma resposta se alguém perguntar: "Como está o trabalho?" Quando pensamos a respeito, porém, morrer não é necessariamente uma alternativa ruim. Jonathan Swift mostrou isso em seu romance *As viagens de Gulliver*, de 1726. Na nação de Luggnagg, o herói, Gulliver, encontra um pequeno grupo de pessoas, nascidas aleatoriamente, chamadas "struldbrugs". Elas parecem normais, mas são imortais. Que sorte! É o que Gulliver pensa, até descobrir que, embora não morram, elas envelhecem e sofrem das doenças típicas da velhice — a única diferença é que as doenças não são letais. Os habitantes perdem a visão e a audição e ficam senis, mas nunca morrem. Aos 80 anos, o governo os proclama legalmente mortos e incapazes de ter propriedades e trabalhar. Eles vivem para sempre como inúteis, dignos de caridade, mergulhados em terrível depressão e efetivamente invisíveis.[7]

Essa é uma fantasia no caso de morte física, mas uma imagem bem precisa para muitas pessoas que passam pelo declínio profissional. Você já conheceu certas pessoas que se recusavam a aceitar o fato de que já tinham passado do auge — determinadas a "se esforçar cada vez mais até queimarem o último cartucho"? Elas se entregam à frustração e perdem as oportunidades de mudar e crescer. Na melhor das hipóteses, conseguem evitar serem enxotadas de seus respectivos empregos, humilhadas, mas acabam como "*struldbrugs* profissionais": ineficazes e tratadas pelos outros com uma combinação estranha de pena e desprezo.

Ok, você deve estar pensando: *Então seguir por tanto tempo não é uma boa ideia. Mas que tal deixar um legado incrível? Assim, pelo menos, não serei esquecido.* Esse é o "efeito Aquiles" da *Ilíada*, de Homero. Aquiles precisava decidir se lutaria na guerra de Troia, que prometia morte certa mas um legado glorioso, ou se voltaria para casa e teria uma vida longa e feliz na obscuridade. Ele descreve sua escolha assim:

> *Que um dual destino me leva até o termo da morte:*
> *Se eu aqui ficar e combater em torno da cidade de Troia,*
> *perece o meu regresso, mas terei um renome imorredouro;*
> *porém se eu regressar para casa, para a amada terra pátria,*
> *perece o meu renome glorioso, mas terei uma vida longa*[8]

Aquiles escolhe a primeira opção, que lhe garante uma imortalidade mítica que nem a morte física nem o declínio poderiam roubar.

O Aquiles da *Ilíada* foi uma invenção de Homero, mas muitos pensam dessa forma na vida real. Uma das estratégias mais comuns para evitar a agonia de ser esquecido é tentar arquitetar um legado profissional. Em minhas conversas para este livro, muitas pessoas nos estágios finais da carreira falaram sobre como gostariam de ser lembradas.

No entanto, isso não dá certo: *você será esquecido*. As pessoas seguem adiante. Em *As confissões de Schmidt*, famoso filme com Jack Nicholson, o protagonista é um atuário bem-sucedido aposentado, que fica aturdido ao perceber que ninguém busca seus conselhos; alguns dias depois de se aposentar, quando ele vai ao escritório para ajudar, descobre que jogaram todo seu trabalho no lixo. É uma cena cheia de *pathos*, mas baseada na verdade. Como um CEO aposentado me disse enquanto eu escrevia este livro: "Em apenas seis meses, saí do 'sabe com quem está falando' para 'quem é ele'?"

O estoico filósofo e imperador romano Marco Aurélio nos lembra de que nossos esforços para alcançar a posteridade nunca dão certo e, por isso, não é algo que valha a pena buscar.

Alguns de fato não foram lembrados nem mesmo por um curto período de tempo, outros se tornaram heróis de fábulas e novamente outros desapareceram mesmo das fábulas. Lembre-se disto, então, que este pequeno composto, você mesmo, ou deve ser dissolvido, ou a sua respiração fraca deve ser extinta, ou ser removido e depositado em outro lugar.[9]

É notável como as palavras de Marco Aurélio perduram há quase 2 mil anos, o que o torna uma exceção à própria regra. Mas o argumento dele ainda é bem aceito, porque eu e você não somos nenhum Marco Aurélio. E, mais cedo ou mais tarde, ele próprio também vai desaparecer.

E você realmente acha — mesmo que o seu legado continue sendo venerado — que as coisas serão assim tão incríveis? Lembre-se do herói do avião! O que tornou a posição atual dele tão amarga foi o contraste desagradável com a fama e a glória passadas, divertidas em algum momento.

Finalmente, a obsessão pelo futuro faz com que o presente seja desperdiçado. Um conhecido meu tinha uma preocupação extrema com sua reputação profissional antes de morrer. Em seus últimos meses de vida, quando já era evidente que não restava muito tempo, ele passou a maior parte de seus dias na busca por formas de garantir que seria lembrado por suas realizações. Se você ama tanto o seu trabalho, é melhor aproveitá-lo enquanto o está realizando. Se perder tempo pensando no seu legado e trabalhando por causa dele, você já estará acabado.

O jeito certo de pensar no seu legado

Há um jeito de deixar um legado que vai ajudar você a viver melhor agora mesmo. No livro *A estrada para o caráter*, o autor David Brooks (um amigo, mas não somos parentes) faz uma distinção entre as "virtudes de currículo" e as "virtudes de obituário".[10] As virtudes de currículo são profissionais e guiadas pelo sucesso terreno. Elas exigem uma comparação com os outros. As virtudes de obituário são éticas e espirituais e não precisam de comparação alguma. São aquelas das quais você gostaria que as pessoas falassem no seu funeral. Por exemplo: "Ele era generoso e muito ético", e não: "Ele tinha muitas milhas porque viajava com frequência."

A vida do obstinado faz com que seja difícil se concentrar nas virtudes de obituário. Queremos ser boas pessoas, óbvio, mas focar as virtudes de obituário parece tão... *pouco especial*. Trabalhei durante toda a minha carreira para fazer alguma coisa melhor do que qualquer outra pessoa — e eu deveria, em vez disso, priorizar coisas que *qualquer pessoa* pode fazer, como ser legal?

Mas esta é a questão: você perde as habilidades que coloca no currículo, como todo mundo que está lendo este livro sabe ou teme. Enquanto isso, as virtudes de obituário só ficam mais fortes à medida que você segue para a sua curva da inteligência cristalizada e além. Com a prática adequada, pessoas mais velhas têm uma vantagem sobre as mais jovens, porque têm mais experiência na vida e nos relacionamentos.

Além disso, elaborar e manter suas virtudes de obituário é inerentemente recompensador. Você não estará por perto para ler seu obituário ou ouvir a homenagem em seu funeral — nem para escutar o que as pessoas vão falar depois que você se aposentar —, mas desfrutará da vida mais completa possível ao buscar as virtudes que são pessoalmente mais valiosas para você. Pense em como uma recompensa profissional — uma promoção, por exemplo — é efêmera quando comparada aos frutos da generosidade com um amigo ou familiar. O que lhe traz mais satisfação: uma hora extra de trabalho ou uma hora ajudando alguém que precisa? Ou, talvez, uma hora de oração? Mesmo se você estiver determinado a elaborar suas virtudes de obituário, o problema é que os velhos hábitos e a rotina diária não abrem muita margem para elas. Você chega uma hora atrasado para o encontro marcado com seu amigo por causa daquela última e opressora hora de trabalho. Alguns sábios nos dão uma dica de como resolver isso. De acordo com Liev Tolstói: "A pior coisa sobre a morte é o fato de que, quando um homem morre, é impossível desfazer o mal que você fez para ele ou fazer o bem que não fez. Há quem diga: viva de forma a estar sempre pronto para morrer. Eu diria: viva de forma que qualquer pessoa possa morrer sem que você tenha nenhum arrependimento."[11]

Resumindo, imagine que é seu último ano de vida, assim como de trabalho. Na tarde de domingo anterior ao primeiro dia de cada mês, reflita sobre estas questões: se me restasse apenas um ano de carreira e de vida, como eu planejaria o mês que está para começar? O que estaria na minha lista de afazeres? Com o que eu não me preocuparia? Tendo a acreditar que "fazer mais uma viagem de trabalho à custa de não ver o meu cônjuge" e "ficar no trabalho até tarde para impressionar o chefe" não são itens que aparecerão na sua agenda. É bem mais provável que apareça "tirar um fim de semana de folga" e "visitar um amigo".

Essa disciplina nos ajuda a trabalhar o *mindfulness* — viver no presente em vez de no passado ou no futuro —, que os estudos têm mostrado de forma consistente ser um fator que nos leva a ser pessoas mais felizes. Ele também nos ajuda a tomar decisões que de fato expõem nosso melhor "eu".

Enfrentando o declínio de cabeça erguida

Refletir sobre seu obituário é a parte fácil. Agora vem a parte difícil: encarar o próprio declínio e a própria morte. É isso que vai erradicar o medo de verdade.

Não há nada de novo nesse conselho. Se você tem um medo mórbido de cobras e procura um terapeuta, o curso de tratamento mais provável será... cobras. A terapia de exposição se estabeleceu com firmeza como a melhor forma de tratar medos e fobias.[12] A razão é o que os psicólogos chamam "dessensibilização", na qual a exposição repetida a algo repelente ou apavorante faz o objeto do medo ou da fobia parecer comum, prosaico e com certeza nada assustador.

Se funciona com cobras, pode funcionar com a morte e com o declínio. Em 2017, uma equipe de pesquisadores de várias universidades norte-americanas recrutou voluntários para imaginar que estavam sofrendo de uma doença terminal ou no corredor da morte e, então, escrever textos fictícios sobre os sentimentos evocados. Os pesquisadores compararam o que eles escreveram com textos escritos por pessoas que estavam doentes de verdade ou enfrentando a pena de morte. Os resultados, publicados na revista *Psychological Science*, foram inquestionáveis: a escrita daqueles que imaginaram a morte foi três vezes mais negativa do que a daqueles que de fato a estavam enfrentando. De forma contraintuitiva, isso sugere que a morte é mais assustadora quando é abstrata e remota do que quando é real e concreta.[13]

A pesquisa é moderna, mas o conceito, não. Nas palavras do filósofo francês do século XVI Michel de Montaigne: "Para começar a destituir a morte de sua maior vantagem sobre nós, temos que a destituir de sua estranheza; temos que a

Reflita sobre a sua morte 121

frequentar; temos que nos acostumar a ela; temos que a ter sempre em nossa mente."[14]

Mas a exposição faz mais do que apenas destruir o medo. O ato de contemplar a morte pode até tornar a vida mais significativa. Como o escritor E. M. Forster pontuou: "A morte destrói o homem: a ideia da morte o salva."[15] Por quê? Simplificando, a escassez faz com que tudo seja mais valorizado. A lembrança de que a vida não dura para sempre nos faz desfrutar mais dela hoje.

Uma grande ironia sobre ter sucesso no mundo moderno é que aqueles que se especializam em dominar o medo — que topam qualquer desafio, que não se entregam à fraqueza e enfrentam qualquer adversário — costumam sentir um medo desesperado do declínio. Mas é exatamente nessa mesma ironia que reside uma oportunidade magnífica de vencer o medo de uma vez por todas e, assim, ser a pessoa que você sempre quis ser.

Se você já visitou os mosteiros budistas Theravada na Tailândia e no Sri Lanka, deve ter notado as muitas fotos expostas de cadáveres em diversos estados de decomposição. No início, parece mórbido e perturbador. Mas, como sabemos agora, é simplesmente a boa psicologia: terapia de exposição. Os monges budistas aprendem a fazer uma afirmação sobre o próprio corpo: "Esse corpo também, tal é sua natureza, tal é seu futuro, tal seu destino inevitável."

Essa meditação se chama *maranasati* (*mindfulness* da morte), na qual o praticante imagina nove estados do próprio corpo morto:

1. Um cadáver inchado, azul e purulento;
2. O cadáver sendo comido por carniceiros e vermes;

3. Ossos ligados por alguns pedaços de carne e tendões;
4. Ossos manchados de sangue ligados por tendões;
5. Ossos ligados por tendões;
6. Ossos soltos;
7. Ossos brancos;
8. Ossos com mais de um ano empilhados;
9. Ossos que viraram pó.

Assim como a resistência à morte, a resistência ao declínio de suas habilidades é inútil. E resistência inútil leva à infelicidade e à frustração. Resistir ao declínio trará tristeza e vai distrair você das oportunidades da vida. Não devemos evitar a verdade; devemos encará-la, contemplá-la, refletir acerca dela, meditar sobre ela. Eu pratico uma versão da meditação *maranasati*, na qual visualizo com toda a atenção cada um dos seguintes estágios:

1. Sinto o declínio da minha competência;
2. As pessoas perto de mim começam a notar que não sou mais tão perspicaz quanto antes;
3. Outras pessoas recebem a atenção social e profissional que eu costumava receber;
4. Preciso diminuir minha carga de trabalho e recuar alguns passos nas atividades diárias que antes eu fazia com facilidade;
5. Não sou mais capaz de trabalhar;
6. Muitas pessoas que encontro não me reconhecem nem sabem sobre o meu trabalho prévio;
7. Ainda estou vivo, mas, profissionalmente, não sou ninguém;
8. Perco minha habilidade de comunicar meus pensamentos e ideias para aqueles à minha volta;
9. Estou morto e não sou mais lembrado pelas minhas realizações.

Existe uma famosa história zen-budista sobre um bando de samurais que passa pelos campos espalhando destruição e terror. Conforme eles se aproximam do mosteiro, todos os monges correm com medo, exceto o abade, um homem capaz de controlar por completo o medo da própria morte. Os samurais entram e o encontram sentado na posição de lótus, na mais perfeita tranquilidade. Enquanto puxa a espada, o líder diz: "Você não percebe que sou o tipo de homem que poderia matá-lo sem nem piscar?" O mestre responde: "Você não percebe que sou um homem que pode ser morto sem nem piscar?"

O verdadeiro mestre, quando seu prestígio é ameaçado pela idade ou circunstância, pode dizer: "Você não percebe que sou uma pessoa que pode ser completamente esquecida sem nem piscar?"

Uma diferença fundamental entre a morte e o declínio

"Não existe pior desgraça do que morrer sozinho", escreveu o autor colombiano Gabriel García Márquez.[16] É lógico que ele estava se referindo a morrer sem ter ninguém ao lado, o que, de fato, parece uma tragédia. É óbvio, porém, que todos nós fazemos a *passagem* para a morte sozinhos. Como sempre dizem sobre bens materiais: "Você não vai poder levar consigo no caixão." Mas isso também serviria em se tratando de seus amigos e sua família. Essa é uma das razões por que as pessoas acham a morte tão assustadora.

É aí que acaba o paralelo entre a morte e o declínio. Você não precisa passar pelo declínio sozinho. Na verdade, não deveria. O problema é que muitas pessoas de fato passam pelo declínio sozinhas: no caminho para o topo, elas deixaram seus relacionamentos murcharem, então, no caminho para baixo, não têm uma rede de apoio humana. Isso faz com que qualquer mudança na segunda metade da vida pareça ainda mais difícil e arriscada.

Podemos consertar isso, e é o que veremos no próximo capítulo.

CAPÍTULO 6

Cultive seu
álamo-trêmulo

Penso que jamais verei
Poema tão belo quanto uma árvore
JOYCE KILMER, 1913[1]

ERA UM LINDO DIA do verão de 2018 no Colorado, e eu começava a pensar sobre este livro. Estava sentado debaixo de um majestoso álamo-trêmulo, suas folhas tremeluzindo na brisa de junho.

Para mim, uma árvore é a metáfora perfeita para uma pessoa que é de fato bem-sucedida. Ela é forte, durável, sólida e confiável. Como o livro dos Salmos descreve uma pessoa que atingiu a retidão: "É como árvore plantada à beira de águas correntes: Dá fruto no tempo certo e suas folhas não murcham. Tudo o que ele faz prospera!"[2]

Forte, produtiva... e vigorosamente individual. Mesmo sendo uma em 1 milhão em uma floresta ou única no meio da savana, uma árvore cresce em silêncio, por conta própria, atinge seu tamanho e morre sozinha. Certo?

Errado. O álamo-trêmulo não é uma majestade solitária, como descobri naquele dia por mera coincidência, por meio de um amigo que sabe muito mais sobre árvores do que eu. Ele me explicou que cada árvore "individual" faz parte de um enorme sistema de raízes. De fato, o álamo-trêmulo é o maior organismo vivo do mundo; existe uma colônia de álamo em Utah chamada "Pando" que se espalha por 43 hectares e pesa 6 milhões de quilos.

Esse álamo "solitário" que eu fitava não era nada disso. Ele era simplesmente um broto de um vasto sistema de raízes — uma manifestação entre tantas da mesma planta.

Isso me fez refletir se o álamo-trêmulo era um caso especial. Mais tarde naquele verão, eu me vi no norte da Califórnia, no Parque Nacional de Redwood. As sequoias-gigantes — *Sequoiadendron giganteum* — são as maiores árvores individuais da Terra. Não são um único sistema, como os álamos-trêmulos; talvez essa seja uma metáfora melhor para o vigor individual?

De novo: não. A sequoia-gigante, que pode chegar a mais de 85 metros de altura, tem raízes bem superficiais — entre 1 e 2 metros de profundidade apenas, o que parece ir contra as leis da física, pois permanecem de pé por centenas, até milhares, de anos. Ou melhor, até você ficar sabendo de mais um fato: as sequoias-gigantes crescem em bosques densos porque suas raízes superficiais se entrelaçam e, com o tempo, se fundem. Elas começam como árvores individuais e se tornam parte de algo maior conforme amadurecem e crescem.

O álamo-trêmulo e a sequoia-gigante são quase a metáfora perfeita para a crença budista da ilusão do "eu". Ela postula que todos nós estamos entrelaçados e que nossa vida "individual" é simplesmente manifestação de uma força vital mais holística. Os budistas acreditam que ignorar isso acarreta uma vida de ilusão e muito sofrimento. Como o monge budista e escritor Matthieu Ricard postula: "Nosso apego à percepção do 'eu' como uma entidade separada leva a um sentimento crescente de vulnerabilidade e insegurança. E também reforça a ruminação mental autocentrada e os pensamentos de esperança e medo, nos distanciando dos outros. Esse 'eu' imaginado se torna uma constante vítima dos acontecimentos da vida."[3]

Não importa qual seja o seu ponto de vista religioso, o argumento é útil e instrutivo: os humanos estão naturalmente interconectados — de forma biológica, emocional, psicológica, intelectual e espiritual. Criar um eu isolado é perigoso e nocivo, pois não é natural. Assim como ver apenas um álamo-trêmulo é um equívoco da sua verdadeira natureza, a pessoa solitária — por mais forte, realizada e bem-sucedida que seja — é um equívoco da nossa natureza.

Podemos parecer solitários, mas formamos um vasto sistema de raízes, composto por famílias, amigos, comunidades, nações e, de fato, o mundo inteiro. As inevitáveis mudanças na minha vida — e na sua — não são uma tragédia para lamentar. São apenas mudanças em um membro interconectado da família humana; um broto do sistema de raízes. O segredo para suportar meu declínio — e até desfrutar dele — é ter uma consciência maior das raízes que me conectam às outras pessoas. Se estou conectado aos outros em amor, meu declínio será mais do que compensado pelo crescimento dos outros — ou seja, crescimento de outras facetas do meu verdadeiro eu.

Além disso, minha conexão com os outros me faz saltar para a segunda curva de forma muito mais natural e normal. De fato, a curva da inteligência cristalizada é derivada da interconexão. Sem ela, minha sabedoria não tem uma válvula de escape. Todavia, estabelecer um sistema de raízes nem sempre é simples. Muitos obstinados passam toda a vida adulta sob a ilusão da solidão e depois sofrem com o resultado. Seu sistema de raízes está murcho e doente. De forma menos metafórica, eles estão simplesmente *sozinhos*. As lições deste capítulo têm por objetivo construir — ou reconstruir — um sistema de raízes adequado. Antes de tudo, vamos analisar as evidências de amor e felicidade, principalmente na segunda metade da vida. Então, vamos refletir sobre a solidão que tantas pessoas bem-sucedidas sentem e como enfrentá-la de cabeça erguida.

Omnia vincit amor

Em 1938, pesquisadores da Escola de Medicina de Harvard tiveram uma ideia inusitada, porém visionária: recrutar um grupo de homens, alunos de Harvard na época, e acompanhá-los por toda a vida adulta, até morrerem. Eles responderiam a questionários anuais sobre estilo de vida, hábitos, relacionamentos, trabalho e família. Os pesquisadores originais já estariam todos mortos quando o estudo acabasse, mas novos pesquisadores seriam capazes de avaliar como as escolhas das pessoas no início da vida estão relacionadas com quão bem — ou mal — elas envelhecem.[4]

Assim nasceu o Estudo de Harvard sobre o Desenvolvimento Adulto. O corte original de 268 homens contou com indivíduos de todas as classes sociais, incluindo alguns que se tornaram bem conhecidos, como John F. Kennedy e o editor do *Washington Post*, Ben Bradlee. Ainda assim, no decorrer das décadas, foi considerado demograficamente estreito

Cultive seu álamo-trêmulo 129

demais — só homens de Harvard! — para gerar resultados generalizáveis, então o estudo acrescentou outro conjunto de dados, do chamado Estudo Glueck, que acompanhava 456 jovens carentes de Boston e havia começado por volta da mesma época. Juntos, esses dados foram continuamente atualizados por mais de oitenta anos. Menos de 60% dos participantes originais ainda estão vivos e o estudo agora acompanha seus filhos e netos.

O resultado desse estudo é como uma bola de cristal da felicidade: você analisa como as pessoas viveram, amaram e trabalharam quando tinham por volta de 20 e 30 anos e, então, é capaz de ver como a vida delas ficou nas décadas seguintes. O diretor desse estudo de longo prazo, professor de psiquiatria em Harvard, George Vaillant, escreveu três best-sellers sobre os resultados. Seu sucessor, também professor de psiquiatria, Robert Waldinger, tornou o estudo ainda mais popular com um TED Talk* que viralizou: "O que torna uma vida boa? Lições do estudo mais longo sobre a felicidade." Ele recebeu quase 40 milhões de visualizações.

Uma das coisas mais interessantes que os pesquisadores fizeram ao longo dos anos foi categorizar os participantes, quando idosos, em relação à felicidade e à saúde. Os melhores eram chamados "Feliz-Bem", que desfrutavam de seis dimensões de boa saúde física, assim como boa saúde mental e elevada satisfação na vida. Na outra extremidade do espectro, estavam os "Triste-Doente", que se encontravam abaixo da média nesses mesmos três quesitos.[5]

O que levou cada um deles a essa categoria? Essa é a pergunta de 1 milhão de dólares para todos nós, não é? Os pesquisadores descobriram que alguns preditivos são controláveis, enquanto outros não.

Entre os fatores incontroláveis — que não conseguimos controlar, pelo menos — estão a classe social do pai e da mãe, uma infância feliz, ancestrais que desfrutaram de uma vida longa e depressão clínica. Nenhuma informação surpreendente ou útil até aqui.

Muito mais úteis são os fatores que podemos influenciar e que são muito importantes para o bem-estar no fim da vida. Existem sete preditivos de estar Feliz-Bem que podemos controlar diretamente:[6]

1. Fumar. Simples: não fume. Ou, pelo menos, pare cedo;

2. Beber. O abuso de bebidas alcoólicas é um dos fatores mais óbvios no estudo que levam ao Triste-Doente e deixam o Feliz-Bem fora de alcance. Se houver qualquer indício de que a bebida possa ser um problema na sua vida, ou se já existe esse problema na sua família, não fique pensando sobre o assunto nem assuma os riscos. Pare de beber agora mesmo;

3. Peso corporal saudável. Evite a obesidade. Sem fanatismo, mantenha o seu peso corporal na média alimentando-se de forma moderada e saudável, sem dietas com efeito sanfona nem restrições malucas impossíveis de se manter no longo prazo;

4. Exercitar-se. Mantenha-se fisicamente ativo, mesmo com uma profissão sedentária. Sem dúvidas a mais eficaz e comprovada forma de fazer isso é caminhar todos os dias. (Mais tarde, voltarei a esse assunto.)

5. Estilo de enfrentamento adaptativo. Isso significa enfrentar os problemas de frente, avaliando-os com honestidade e lidando com eles de forma direta e sem ficar remoendo, livre de reações emocionais doentias e comportamento de evitação;

6. Educação. Mais educação leva a uma mente mais ativa no futuro, o que significa uma vida mais longa e feliz. Não significa ter que

se matricular em Harvard, mas apenas seguir um aprendizado com propósito por toda a vida e se dispor de muita leitura;

7. Relacionamentos estáveis de longo prazo. Para a maioria, isso significa um casamento estável, mas existem outros relacionamentos que se encaixam aqui. A questão é ter pessoas com quem crescer junto e com quem contar, independentemente do que aconteça.

Sete metas não é tanto, mas é útil ter *uma* coisa mais importante da qual se lembrar. Esse processo de redução pode ser muito proveitoso para ajudar a direcionar a mente. É o fumo, a bebida ou o exercício?

Não. Segundo George Vaillant, a característica mais importante dos idosos Feliz-Bem são os relacionamentos saudáveis. Como ele pontua: "Felicidade é amor. Ponto-final."[7] Vaillant elabora um pouco mais: "Existem dois pilares para a felicidade. Um é o amor. O outro é encontrar uma forma de lidar com a vida que não afaste o amor."[8] E, só para concluir, cita Virgílio: *"Omnia vincit amor"* — O amor vence tudo.

O sucessor de Vaillant, Robert Waldinger, pontua da seguinte forma: "As lições não são sobre riqueza, ou fama, ou trabalhar cada vez mais. A mensagem mais evidente que tiramos desse estudo é a seguinte: bons relacionamentos nos mantêm mais felizes e saudáveis. Ponto." Além disso, "as pessoas mais satisfeitas em seus relacionamentos quando tinham 50 anos foram as mais felizes aos 80".

Todas essas pessoas solitárias

Apenas se concentre no amor! Parece simples, não parece? Mas não é, não para muita gente, principalmente em se tratando dos obstinados que trabalharam a vida toda para alcançar o sucesso mundano, mas que agora estão isolados porque seus relacionamentos minguaram no decorrer do tempo.

Solidão não é o mesmo que estar sozinho, óbvio, porque uma pessoa pode estar emocional e socialmente conectada a outras enquanto não tem ninguém por perto. Na verdade, ficar sozinho é fundamental para o bem-estar emocional e a paz de espírito de alguém. Algumas pessoas — eu não, mas um dos meus filhos, por exemplo — são mais felizes quando estão a sós, contanto que tenham conexões sociais e emocionais saudáveis. Em seu clássico livro *The Eternal Now* [O eterno agora, em tradução livre], o teólogo e filósofo Paul Tillich descreve o seguinte: "A solitude expressa a glória de estar sozinho, enquanto a solidão expressa a dor de se sentir sozinho."[9]

A solidão é a experiência de isolamento emocional e social. Tem a estranha característica de ser totalmente onipresente, mas parecer completamente única. O romancista Thomas Wolfe escreveu em seu ensaio *God's Lonely Man* [O homem solitário de Deus, em tradução livre]: "A maior convicção da minha vida hoje está na crença de que a solidão, longe de ser um fenômeno raro e curioso, é o fato central e inevitável da existência humana."[10] Pessoas solitárias têm a sensação de que são as únicas a se sentirem assim. O sentimento é o de que estão solitárias na própria solidão delas.

Só porque ela é comum, porém, não quer dizer que seja inofensiva. Uma pesquisa estabeleceu que o estresse criado pela solidão leva à imunidade baixa para doenças, insônia, lentidão cognitiva e ao aumento da pressão sanguínea.[11] Pessoas solitárias tendem a ter uma dieta altamente calórica e gordurosa e levam uma vida mais sedentária do que as que não se sentem assim. Em seu livro *O século da solidão*, Noreena Hertz mostra

Cultive seu álamo-trêmulo 133

que, em termos de saúde, a solidão é comparável a fumar quinze cigarros por dia e é pior que a obesidade.[12] Também está associada ao declínio cognitivo e à demência. Não é de surpreender, então, que as autoridades de saúde estejam encarando a solidão como uma ameaça à saúde pública. O cirurgião-geral norte-americano Vivek Murthy escreveu um livro sobre o assunto, o qual começa da seguinte forma: "Durante todos os meus anos cuidando de pacientes, a condição mais comum que vi não foi problema cardíaco nem diabetes; foi a solidão."[13] E, de fato, um médico que entrevistei para este livro me disse que pacientes de longa data — em geral, pessoas bem-sucedidas — o procuram apenas para ter alguém com quem possam ser totalmente honestos em uma conversa.

A Administração de Recursos e Serviços de Saúde dos Estados Unidos atestou haver uma "epidemia de solidão", especificamente citando como culpado o fenômeno crescente de "não participação em grupos sociais, poucos amigos e relacionamentos tensos".[14] Para os planos de saúde, a solidão está sendo custosa. Uma seguradora chamada Cigna usou recursos relevantes para entender por que o isolamento social está em crescimento e descobriu que, em 2018, 46% dos norte-americanos se sentiam sozinhos, e 43% sentiam que seus relacionamentos não eram significativos.[15]

Nem todo mundo sofre de solidão da mesma maneira, óbvio. Alguns têm uma propensão natural para ela. Outros passam por circunstâncias de vida que os tornam mais iso-lados. Enquanto gênero e idade não são bons preditivos, o caso é diferente em se tratando do estado civil: é mais comum que pessoas divorciadas, viúvas ou que nunca se casaram se sintam solitárias. Entretanto, o grupo mais acometido pela solidão é o de casados com um "cônjuge ausente". (*Workaholics*, prestem atenção: seu cônjuge provavelmente está se sentindo solitário — e, portanto, sofrendo.)

E os aposentados? Pesquisei para descobrir se as pessoas se sentiam mais solitárias depois da aposentadoria e descobri que algumas sim, mas apenas aquelas que já tinham tendência à solidão.[16] Em outras palavras, os indivíduos que não sabem lidar com interações sociais fora do trabalho ficam mais solitários quando se aposentam. Isso descreve várias pessoas bem-sucedidas que conheço.

Talvez você esteja se perguntando quais profissões e carreiras são as mais solitárias. Faz sentido achar que encontramos pessoas sofrendo de solidão em profissões em que se passa muito tempo sem companhia. Pensei em fazendeiros, por exemplo. Depois do ensino médio, um dos meus filhos foi trabalhar em uma fazenda de trigo em Idaho, e lembro que, durante a colheita, ele passava catorze horas por dia sozinho em uma colheitadeira. Em outras épocas, ele passava o dia todo sozinho, consertando cercas e tirando pedras do solo. Ele passava quase o tempo todo sozinho. Mas meu filho — que é altamente social — nunca reclamou sobre se *sentir* solitário. E, de fato, suas horas de folga eram gastas quase sempre com amigos e com a família proprietária da fazenda.

Então, pensei em vendedores ambulantes. De hotel em hotel, de aeroporto em aeroporto — deve ser uma solidão terrível, não? Acabei descobrindo que nem fazendeiros nem vendedores ambulantes estavam na lista das profissões mais solitárias. De acordo com a *Harvard Business Review*, são os advogados e os médicos os mais solitários.[17] Ambas trazem muito prestígio, exigem muita habilidade e pagam muito bem... talvez como a sua profissão.

O líder solitário

Anteriormente, falamos que os indivíduos bem-sucedidos e que ascendem de classe social são aqueles com maior propensão a sofrer quando suas habilidades começam a entrar em declínio. As pessoas se surpreendem ao escutar isso, mas não deveriam: afinal, quanto maior a subida, maior é a queda. Um princípio similar se aplica à solidão, que é uma doença especial para as pessoas que desfrutaram de muito sucesso mundano. As celebridades costumam ser exemplos disso: são conhecidas por todos, mas não são próximas de ninguém. Pegue, por exemplo, o renomado chef Anthony Bourdain. Sempre fui fã dele. Não que eu ligue muito para comida; só achava que seus programas de televisão, *Sem reservas* e *Lugares desconhecidos*, eram lindos, e ficava impressionado com o fato de ele usar algo tão prosaico quanto comer para apresentar o mundo aos espectadores. *Que vida divertida ele deve ter*, eu pensava. E ele, de fato, disse em uma entrevista para a revista *The New Yorker:* "Tenho o melhor emprego do mundo. Se eu for infeliz, é um fracasso da imaginação."[18]

Você provavelmente sabe aonde quero chegar. No dia 8 de junho de 2018, Bourdain se enforcou em um quarto de hotel na França, onde estava filmando um episódio do seu programa. Eu não sabia muita coisa sobre a vida pessoal dele. Por interesse profissional (e não sórdido), li artigos sobre o que poderia ter contribuído para a autodestruição de alguém que parecia ter tudo. Em todas as explicações que encontrei — ele tinha problemas com álcool, questões de relacionamento, e daí em diante —, as duas características que vi repetidas vezes foram o *workaholism* e o que um autor chamou de "insondável solidão".[19] Bourdain trabalhava por longas e brutais horas, ano após ano. Estava sempre cercado por outras pessoas, mas, pelo que falaram, tinha uma conexão profunda com pouquíssimas.

Não são só pessoas famosas, no entanto, que acabam se sentindo isoladas e solitárias. Várias pessoas bem-sucedidas comuns também compartilham desses sentimentos. Consumidos pelo medo de ficar para trás, *workaholics* viciados no sucesso deixam pouco espaço em suas respectivas vidas para amigos e família — da mesma forma que todas as pessoas que são controladas por um comportamento de vício. Como o falecido neurocientista social da Universidade de Chicago e pioneiro no estudo da solidão, John Cacioppo, explicou: "A solidão reflete como você se sente sobre os seus relacionamentos."[20] Então, embora eles possam estar em uma família ou em um ambiente de trabalho cheio, os *workaholics* se *sentem* sozinhos, com apenas o terrível e amado trabalho como companhia.

Líderes são particularmente propensos à solidão, em grande parte porque é difícil ou até mesmo impossível estabelecer amizades verdadeiras em ambiente profissional com pessoas sob a sua autoridade ou supervisão. Fazer amigos no trabalho é tão importante que 70% das pessoas afirmam que é o elemento mais relevante para uma vida profissional feliz, e 58% dizem que recusariam uma oferta de emprego com um salário maior se isso significasse desgostar dos colegas de trabalho.[21] Segundo uma análise de dados feita pela empresa de pesquisa de opiniões Gallup em 2020, funcionários que afirmam ter um melhor amigo no ambiente profissional têm duas vezes mais chances de apreciar o expediente e quase 50% mais chances de relatar bem-estar social elevado.

Quem está no topo, entretanto, costuma perder as amizades verdadeiras do ambiente de trabalho e, consequentemente,

Cultive seu álamo-trêmulo   137

sofrer bastante com isso. De acordo com um artigo da *Harvard Business Review*, por exemplo, metade dos CEOs experimenta solidão no trabalho e a maioria deles sente que ela atrapalha o desempenho profissional.[22] Estudos também mostraram que a solidão está conectada ao burnout entre os líderes.[23]

O que causa solidão em quem está no topo não é o isolamento físico — quem passa mais tempo em reuniões do que um CEO?! —, e sim a incapacidade de estabelecer conexões humanas profundas no trabalho devido à posição de líder. No ambiente profissional, pessoas bem-sucedidas se sentem solitárias no meio da multidão.

Um estudo de Daniel Kahneman, psicólogo de Princeton, e colegas dá uma dica de por que os líderes são isolados. Os pesquisadores pediram a um grande grupo de trabalhadoras que relembrassem seu dia a fim de avaliar os momentos que renderam os níveis mais altos de emoção positiva e negativa.[24] O lado positivo do registro rendeu poucas surpresas; as três melhores atividades foram, em ordem: sexo, socialização e o momento de descanso. Os três maiores responsáveis por induzir felicidade nelas foram amigos, parentes e cônjuges (que parecem fora de ordem, se comparado à lista de atividades, mas isso não vem ao caso). As três atividades que produziram mais sentimentos negativos foram trabalhar, cuidar de crianças e se deslocar no trânsito (sinto muito, crianças). Sobre os responsáveis pelas interações negativas, em segundo e terceiro lugares estão clientes e colegas de trabalho. E em primeiro? O chefe. Ninguém quer sair com o chefe solitário.

Isso me elucidou em muitos pontos, principalmente depois que comecei a me aprofundar nas possíveis razões. Um estudo famoso de 1972 descobriu que subordinados em um ambiente de trabalho tendem a perder seu senso de livre-arbítrio quando o assunto é ser amigo do chefe — você corre um risco ao não ser agradável com ele ou ela —, o que torna as coisas desconfortáveis e esquisitas.[25] Pesquisas mais recentes mostraram que subordinados objetificam líderes ao vê-los não como pessoas *per se*, e sim como administradores de poder, informação e dinheiro.[26]

Todavia, mesmo se os empregados não atribuem qualidades negativas ao chefe, eles podem tornar o relacionamento esquisito e chato. Um estudo de 2003 descobriu que subordinados no ambiente de trabalho costumam tratar os superiores como figuras de autoridade de sua infância, tais como pais ou professores. Mesmo que eles não se refiram ao chefe como "mamãe", isso impossibilita uma amizade de igual para igual e deixa o chefe, que pode ser um ex-colega, socialmente sozinho.[27]

Quem tem autoridade também se isola. Os autores do famoso livro de 1950 *A multidão solitária* alegam que líderes são solitários porque o sucesso deles exige que manipulem e persuadam os outros.[28] Como tal, eles objetificam subordinados tanto quanto o contrário acontece. Pesquisas posteriores mostraram que líderes costumam se distanciar de propósito dos empregados para que sejam capazes de avaliar o desempenho deles de forma imparcial.[29] Simplificando, se você talvez tenha que demitir alguém, é improvável que forme laços de amizade com a pessoa.

Romance e amizade

Os relacionamentos que melhor mitigam a solidão — os álamos mais próximos que precisamos cultivar — são as

Cultive seu álamo-trêmulo 139

parcerias românticas e as amizades íntimas. Vamos analisar cada uma delas e entender por que os obstinados costumam negligenciá-las.

Existem muitas pesquisas a respeito dos motivos pelos quais alguns relacionamentos românticos são estáveis, e outros, não. É de conhecimento geral que uma alta porcentagem dos matrimônios nos Estados Unidos acabam em divórcio ou separação (aproximadamente 39%, segundo os dados mais recentes).[30] Mas permanecer juntos não é o que realmente importa. Análises dos dados do Estudo de Harvard sobre o Desenvolvimento Adulto mostram que o casamento por si só conta apenas para 2% do bem-estar subjetivo mais tarde na vida.[31] O que importa para a saúde e o bem-estar é a satisfação no relacionamento.

A cultura popular faz você acreditar que o segredo para essa satisfação é a paixão romântica, mas isso é um erro. Pelo contrário, há muita infelicidade nos estágios iniciais do romance. Por exemplo, os pesquisadores descobriram que, nessa fase, os casais tendem a remoer histórias, ter ciúmes e apresentar "comportamentos vigilantes" — não exatamente o que costumamos associar à felicidade. Além disso, "crenças do destino", sobre almas gêmeas ou como o amor *deve ser*, quando associadas ao apego ansioso, não deixam muito espaço para o perdão.[32] O romance costuma sequestrar nosso cérebro de forma a induzir picos de euforia e desespero profundo.[33] Podemos dizer com precisão que se apaixonar é o custo inicial para a felicidade — um estágio emocionante mas estressante pelo qual precisamos passar para alcançarmos os relacionamentos que realmente nos completam.

O segredo para a felicidade não é se apaixonar; é *continuar* amando, o que depende do que os psicólogos chamam de "amor companheiro" — o amor baseado menos nos altos e baixos da

140 CADA VEZ MAIS FORTE

paixão e mais no afeto estável, na compreensão mútua e no compromisso.[34] Você pode achar que "amor companheiro" soa um pouco, bem, decepcionante. Foi o que eu pensei quando escutei o termo pela primeira vez, logo depois de fazer grandes esforços para conquistar o amor da minha futura esposa. Mas, nos últimos trinta anos, descobrimos que não só nos amamos como também *gostamos* um do outro. Ela sempre será meu amor romântico, mas também é minha melhor amiga.

Por estar enraizado na amizade, o amor companheiro cria a verdadeira felicidade.[35] O amor apaixonado, que conta com atração, não costuma durar mais do que o estágio da novidade do relacionamento. O amor companheiro se fia na familiaridade. Um pesquisador, sem rodeios, resume as evidências no *Journal of Happiness Studies:* "Os benefícios do bem-estar advindos do casamento são muito maiores para aqueles que também consideram o cônjuge o melhor amigo."[36] Esse é o tipo de amor que persevera e atravessa crises com o passar do tempo e, assim, entrega os benefícios do Feliz-Bem.

Melhores amigos encontram prazer, satisfação e significado na companhia um do outro. Despertam o que há de melhor no outro; se provocam carinhosamente; se divertem juntos. O ex-presidente Calvin Coolidge e sua esposa, Grace, tinham esse tipo de amizade. De acordo com uma história (talvez apócrifa), certa vez, o ex-presidente e a ex-primeira-dama estavam passeando por uma granja, e a sra. Coolidge comentou com o granjeiro — alto o suficiente para o marido escutar — que era impressionante tantos ovos serem fertilizados por apenas um galo.[37] O fazendeiro lhe contou que os galos cumpriam seu papel repetidas vezes todos os dias.

— Talvez você pudesse contar isso ao Sr. Coolidge — disse ela com um sorriso.

O ex-presidente, escutando o comentário, perguntou:
— O galo serve a mesma galinha todas as vezes?
— Não — respondeu o granjeiro —, tem muitas galinhas para cada galo.
— Talvez você pudesse contar isso à sra. Coolidge — retrucou o ex-presidente.

Apesar dos galos polígamos, o romance do amor companheiro parece fazer as pessoas mais felizes quando é monogâmico. Afirmo isso como cientista social, não como moralista: em 2004, uma pesquisa com 16 mil norte-americanos adultos descobriu que, tanto para homens quanto para mulheres, "o número de parceiros sexuais que maximizou a felicidade no ano anterior foi calculado em um".[38]

Sem dúvida, seu parceiro romântico é seu relacionamento mais importante. Entretanto, não é essencial nem suficiente para evitar a solidão. Robert Waldinger me disse que, de fato, ele não vê diferença entre a felicidade de cidadãos mais velhos casados e a dos solteiros, pelo menos não uma proveniente do casamento em si. É possível ser solteiro e feliz se você tiver amizades e laços familiares que sejam próximos e satisfatórios.

Outro fato igualmente importante é que seu casamento não pode ser sua única amizade verdadeira. Em 2007, pesquisadores da Universidade de Michigan analisaram pessoas casadas entre 22 e 79 anos que disseram dispor de duas amizades íntimas.[39] Ter pelo menos dois amigos — o que significa pelo menos um além do cônjuge — estava associado a níveis mais altos de satisfação na vida e autoestima e a níveis mais baixos de depressão. Para aqueles que não conseguiram citar dois nomes, o relacionamento conjugal era muito mais importante para satisfazer necessidades emocionais, o que pode causar problemas. É muita pressão para um cônjuge ter que preencher quase todos os vazios emocionais, e isso também faz com que períodos difíceis no casamento se tornem mais catastróficos e isoladores.

A única verdadeira amiga do meu pai era a minha mãe. Ele era introvertido, e desenvolver amizades íntimas era um grande transtorno para ele, então esse era o caminho de menos resistência. E eles tinham um bom matrimônio: se casaram quatro dias depois de se formarem na faculdade, e a união durou 44 anos, até a morte dele aos 66.

Mas ter como único amigo íntimo o cônjuge ou companheiro é tão imprudente quanto ter uma carteira de investimentos pouco diversificada. Se alguma coisa dá errado no seu casamento, você vai acabar solteiro *e* sem amigos. É o que costuma acontecer quando um casal se divorcia ou quando um dos dois morre.

Muitos adultos começam a perceber isso conforme ficam mais velhos e constroem uma rede de amizade fora do casamento. Isso é especialmente verdadeiro para mulheres, cujas redes de amigos são maiores, mais aprofundadas e mais solidárias do que as dos homens.[40] E essas redes são bem homogêneas em relação ao gênero: apenas um quinto das mulheres mais velhas cita um homem que não seja o marido em sua lista de amigos próximos.

É importante que os homens mais velhos compreendam isso ao verem a esposa procurando amigos fora do casamento. Conforme envelhecem, os laços matrimoniais são emocionalmente mais importantes para os homens do que para as mulheres. Para muitos deles, o trabalho é o responsável pelo afastamento das amizades, e seus poucos amigos estão mais concentrados em, digamos, golfe do que em sentimentos.[41] As esposas investiram em outros lugares para render apoio emocional, o que, francamente, é prudente e sábio.

Algumas pessoas supõem que, quando envelhecerem, terão como relacionamentos íntimos os construídos em volta dos filhos adultos. Afinal, esses são os relacionamentos em que mais investimos — literal e figurativamente. Eles nos conhecem, e nós os conhecemos: só de olhar para os meus filhos, sinto como se olhasse para a minha alma com 20 anos! Eles não deveriam ser meus melhores amigos conforme envelheço?

Provavelmente não. Acredito que a maior parte dos conflitos com meus filhos adultos se deve à minha falta de lembranças do meu relacionamento com meu pai e minha mãe. Eles foram bons pais, mas eu queria minha independência. Era importante para mim ter certo grau de separação, não por amargura, e sim porque eu queria construir a minha vida. E isso também se aplica aos meus filhos: nosso relacionamento é ótimo, mas eles estão concentrados na vida deles, não na minha — como deve ser. Por essa razão, a pesquisa mostra que o contato com amigos que não são parentes implica mais diretamente o bem-estar do que o contato com filhos adultos.[42] Como dois estudiosos da amizade afirmaram: "As interações com os membros da família costumam ser ditadas pela obrigação, enquanto as interações com os amigos são primordialmente motivadas pelo prazer."[43]

Você tem amigos *reais* ou amigos *comerciais*?

Eu me lembro de, anos atrás, estar em uma viagem de pescaria com o meu filho Carlos na Flórida. Ele tinha 12 ou 13 anos, e a viagem era seu presente de Natal — ele pedia a mesma coisa todo ano: uma viagem para a Flórida para caçar e pescar, só nós dois. Fizemos isso todos os anos durante uma década, até que ele entrou para a Marinha (e ele promete que voltaremos a fazer isso quando deixar a vida militar — como *meu* presente de Natal).

Estávamos arrumando nossos equipamentos no lago Okeechobee bem cedo em um sábado para pegar alguns peixes, quando meu celular tocou. Verifiquei quem estava ligando e vi que era o diretor de uma fundação com a qual eu estava negociando, como presidente da minha organização sem fins lucrativos.

— Preciso atender — falei para Carlos e me sentei no carro para conversar com o homem.

Os primeiros cinco minutos foram de papo furado sobre a família de cada um, mesmo que não fôssemos amigos pessoais. Então, passamos a falar de negócios.

Quando desliguei, Carlos perguntou quem era.

— Um amigo — respondi.

O que era tecnicamente verdade: nós gostávamos um do outro e nos tratávamos pelo primeiro nome. Eu tinha saído para jantar com ele uma vez.

Carlos olhou para mim com aquele olhar que sempre me lança quando acha que estou de enrolação.

— Um amigo real ou um amigo comercial? — indagou ele.

Garoto esperto. Parei na hora. Ele acertou em cheio, óbvio — nossos filhos nos conhecem espantosamente bem. Mas, de toda forma, perguntei o que ele queria dizer.

— Você não tem muitos amigos reais — afirmou.— Você conhece muita gente importante e vocês trocam favores entre si. Esses são amigos comerciais, não reais.

Sem ter consciência disso, Carlos fazia a distinção entre os relacionamentos que Aristóteles fizera mais de 2 mil anos antes em seu livro *Ética a Nicômaco*. Ele escreveu que há uma espécie de escada da amizade, do degrau mais baixo ao mais alto. Embaixo — onde os laços emocionais são mais fracos, e os benefícios, menores — estão as amizades baseadas na utilidade: amigos comerciais, nas palavras de Carlos. Vocês são amigos de uma forma instrumental, um ajuda o outro a conseguir algo, como sucesso profissional.

Um degrau acima na escada estão as amizades baseadas no prazer. Vocês são amigos por causa de alguma coisa que você gosta e admira na outra pessoa. Ela é divertida, engraçada, bonita ou inteligente, por exemplo. Em outras palavras, você gosta de uma qualidade inerente, o que significa uma amizade superior àquela de viés apenas comercial, mas ainda basicamente instrumental.

No nível mais alto, está a "amizade perfeita" de Aristóteles, baseada em desejar o bem-estar do outro e compartilhar amor por algo bom e virtuoso que seja externo aos dois. Pode ser uma amizade construída em torno de crenças religiosas ou da paixão por uma causa social. Ela não é *utilitária*. A outra pessoa compartilha da sua paixão, que é intrínseca, não instrumental.

É óbvio que nossas amizades podem ser uma mistura. Posso ter um parceiro de negócios que admiro e que compartilha meu amor por algo bom e virtuoso. Mas descobri que, na maioria das vezes, consigo realmente classificar minhas amizades muito bem dentro das três cestas de Aristóteles, e a minha cesta de utilidade tende a ser a mais cheia.

A pergunta de Carlos me levou a refletir sobre o fato de que, assim como várias pessoas trabalhadoras e ambiciosas, eu tinha muitos "amigos comerciais", mas não tantos amigos reais, e, como resultado, fiquei me sentindo bem solitário. Prometi cultivar mais as minhas poucas amizades reais.

E você? Tem amigos reais... ou apenas amigos comerciais? Isso faz muita diferença para a sua felicidade. Em 2018, pesquisadores da Universidade da Califórnia, em Los Angeles, realizaram uma pesquisa sobre a solidão, na qual perguntaram com que frequência as pessoas se sentem como se ninguém as conhecesse bem.[44] Entre os entrevistados, 44% responderam que se sentem assim "sempre" ou "às vezes". Você se inclui nesse grupo? Antes de responder, cite o nome de dois ou três amigos reais. Se você é casado, tire o nome do cônjuge da lista. Agora, seja honesto: quando foi a última vez que você teve uma conversa profunda com algum desses "amigos reais"? Você ficaria à vontade em ligar para eles se estivesse com algum problema?

Se foi difícil citar dois ou três, existe um problema. E, se você não fala com eles há alguns meses ou não ligaria para eles em uma crise, provavelmente está misturando amigos reais com amigos comerciais. Não que esteja sendo falso — você simplesmente não tem cultivado amizades reais já há muito, muito tempo.

Construir amizades reais pode ser complicado para pessoas que não fazem isso há anos — talvez desde a infância. Pesquisadores acreditam ser mais difícil para homens do que para mulheres.[45] Além disso, as mulheres costumam basear as amizades no apoio social e emocional, enquanto os homens baseiam suas amizades em atividades compartilhadas, incluindo trabalho. Em outras palavras, as mulheres têm mais amigos reais, ao passo que os homens têm mais comerciais.[46]

Isso importa muito para o bem-estar, principalmente mais tarde na vida. Diversos estudos mostram que pessoas de meia-idade e as mais velhas capazes de citar os nomes de alguns poucos e autênticos amigos íntimos indicam mais felicidade.[47] Não é preciso ter muitos para alcançá-la. Na verdade, as pessoas tendem a ficar mais seletivas com suas amizades conforme envelhecem e a reduzir o número de amigos íntimos.[48] Mas o número de amigos reais precisa ser maior que zero e ir além de apenas seu cônjuge.

Ao reconhecer esses padrões, resolvi desenvolver amizades mais íntimas e minha esposa prometeu colaborar. Não é fácil para ninguém, e é ainda mais difícil para mim, pois nós nos mudamos muitas vezes, então as amizades que fiz onde moro não têm raízes de anos. Assim, idealizamos um plano: começamos por organizar nossa vida social especificamente ao redor de temas profundos. Em jantar com amigos, sob o risco de nos tornarmos sr. e sra. Intensos, em vez de tratar apenas de assuntos triviais, como planos de viagem e compras de casa, começamos a direcionar os papos para questões como felicidade, amor e espiritualidade. Isso aprofundou algumas das nossas amizades e, em outros casos, mostrou que um relacionamento mais gratificante não seria possível, evidenciando onde deveríamos colocar menos energia.

As barreiras para amar

Eis um resumo final sobre relacionamentos — os pontos-chave para cultivar seu álamo-trêmulo:

- Você precisa de fortes conexões humanas para obter ajuda a fim de alcançar a sua segunda curva e florescer;
- Por mais introvertido que você seja, não espere prosperar na velhice sem relacionamentos íntimos e saudáveis;
- Para as pessoas casadas, um relacionamento conjugal carinhoso e companheiro é fundamental para prosperar;

148 CADA VEZ MAIS FORTE

- Casamento e família não são substitutos adequados para amigos íntimos, que não devem ser deixados ao acaso;
- Amizade é uma habilidade que requer prática, tempo e compromisso;
- Amizades de trabalho não substituem amizades reais, embora possam até ser satisfatórias, se planejadas com propósito.

Em entrevistas e conversas dos últimos anos, notei uma resistência surpreendente a essas informações e ao conselho de começar a construir relacionamentos de imediato. Vou citar três coisas que as pessoas costumam me dizer:

"Eu não tenho tempo."

Amor e amizade consomem um tempo enorme, é verdade. Eles roubam o espaço de todas as outras coisas, como... bem, vamos ser honestos: para muitos leitores deste livro, eles roubam espaço do *trabalho*. Se esse é o seu caso, e é isso que o impede de desenvolver de forma adequada um romance, parentalidade e amizades reais, suas prioridades estão invertidas.

Lembre-se de que quando alguma coisa não humana começa a tomar o lugar dos relacionamentos humanos, isso é um sinal clássico de vício. Daí o termo *workaholism*, que discutimos anteriormente — a necessidade arrebatadora de trabalhar, ganhar e ser bem-sucedido. Se você está demonstrando comportamento *workaholic*, nenhum conselho sobre fazer amigos vai ajudar. Nunca vai haver tempo ou energia sobrando para relacionamentos íntimos. Você precisa tratar o problema do *workaholism* antes de qualquer outra coisa.

Reconhecer essa verdade exige enfrentar o que quer que esteja a pessoa *workaholic* evitando com a hora extra de trabalho. Se são os próprios relacionamentos disfuncionais — possivelmente por causa de anos de negligência —, ceder ao vício só vai tor-ná-los pior. Vale a pena lembrar que a imagem clichê de um velho em seu leito de morte o qual diz à família que gostaria de ter passado mais tempo trabalhando é uma *piada*. Para fugir do vício, o *workaholic* precisa fazer uma nova gestão do tempo para estabelecer ou restabelecer as amizades e a vida em família.

Isso leva ao segundo lamento que costumo escutar, depois que o problema foi reconhecido:

"Meus relacionamentos estão tão frágeis, não sei nem por onde começar."

Algumas pessoas passaram anos sem cultivar relacionamentos íntimos. Os laços com os familiares e "amigos", porém, não são o único problema após anos de negligência. Sem dúvidas, uma tribulação ainda maior é que a intimidade requer prática. Você pode perder os seus amores se os negligenciar por muito tempo.

Se a descrição bate com o seu perfil, você precisa despertar suas habilidades adormecidas de relacionamento. O primeiro passo é articular o desejo por conexões mais profundas. Isso mostra aos outros seu compromisso em mudar — no entanto, mais importante ainda, mostra esse compromisso a você mesmo. A mudança costuma ser apenas uma ideia na nossa cabeça até que a digamos em voz alta. Conheço pessoas que passaram décadas "pensando" sobre uma mudança na vida. Pensar em trabalhar menos e passar mais tempo com a família e com os amigos não tem muito valor. Mas falar para os entes queridos que quer isso vai programar as ideias no seu cérebro e colocar você no caminho para alcançar a meta.

Então, como começar quando se perdeu essas habilidades? Um empresário de 65 anos deve apenas ligar para outro e sugerir um encontro? Ridículo!

Na verdade... talvez não seja tanto. Lembro-me de quando meus filhos eram muito pequenos e marcávamos para que encontrassem outras crianças. Eles não brincavam exatamente juntos, faziam o que os especialistas em desenvolvimento infantil chamam de "brincadeira paralela": as crianças brincam com os próprios brinquedos individualmente, mas uma do lado da outra. Isso faz parte do processo delas para adquirir habilidades de amizade. Aos pouquinhos, as crianças começam a interagir mais, até que, com o decorrer dos meses, acabam brincando juntas com os mesmos brinquedos.

Existe um novo fenômeno em diversos países, incluindo Estados Unidos, Reino Unido e Austrália, chamado "Men's Sheds". É basicamente uma brincadeira paralela para homens mais velhos que estão reaprendendo as habilidades de fazer uma amizade.[49] Homens que se sentem solitários — muitos aposentados, mas não todos — são deixados por suas famílias em galpões cheios de ferramentas de carpintaria onde podem trabalhar em projetos artesanais em paralelo com outros homens. Lembre-se: homens tendem a desenvolver amizades enquanto realizam atividades compartilhadas e esses projetos artesanais permitem que isso aconteça sem a necessidade de colaboração direta — ou seja, uma brincadeira paralela. Aos pouquinhos, os homens começam a interagir uns com os outros, reconstruindo as habilidades de amizade enquanto fazem novos amigos. "Eu venho para cá, converso com as pessoas e sinto como se tivesse realizado alguma coisa", disse um homem a um repórter do *Washington Post* enquanto trabalhava em um troféu em forma de bola de futebol americano para um amigo. "No começo, fiquei nervoso, mas as pessoas foram muito acolhedoras, e agora venho pelo menos uma vez por semana."[50]

Não importa se é realmente um galpão ou algo do tipo. E, para mulheres que precisam reconstruir relacionamentos, talvez seja alguma outra coisa totalmente diferente. A questão é que estimular amizades requer ações, não intenções.

"Duvido que as pessoas me perdoem." Em alguns casos, os relacionamentos fragilizados envolvem muita animosidade por parte dos entes "queridos". Casamentos azedaram com décadas de negligência, e as conexões com filhos adultos se tornaram distantes. Os viciados em sucesso costumam ser alvo de um enorme ressentimento das pessoas que mereciam e precisavam de amor e atenção, mas que por muitos anos não receberam.

E está na hora de se redimir. Os viciados em sucesso podem aprender algumas lições sobre recuperação com etilistas. Aqueles que seguiram os Doze Passos dos Alcoólicos Anônimos sabem que a recuperação não é possível sem o nono passo: "Fizemos reparações diretas dos danos causados a tais pessoas, sempre que possível, salvo quando fazê-las significasse prejudicá-las ou a outrem." Os etilistas em recuperação fazem uma lista de pessoas que magoaram e negligenciaram por causa do vício; se possível, eles têm que reparar os erros com cada pessoa da lista.

É óbvio que isso é complicado. "Desculpe por ter destruído o seu carro naquela noite em que eu estava bêbado" pode não curar uma ferida imediata e adequadamente. Mas é um bom começo, ainda mais quando amparado por um compromisso de se abster da bebida e pagar a dívida. E assim deve ser para as vítimas do vício em sucesso. "Desculpe por ter escolhido ir àquelas reuniões de diretoria chatas, das quais eu nem me lembro mais, em vez de ir às suas apresentações de balé" provavelmente não vai consertar tudo. O pedido tem que vir acompanhado de um novo comportamento. Em se tratando de relacionamentos, ações falam mais alto que palavras, ainda mais se as suas palavras foram vazias no passado.

Avaliando a sua vida

Anteriormente neste livro, mencionei o assunto sobre o qual faço uma pergunta aos meus alunos para chamar a atenção deles: "Quantos Dias de Ação de Graças vocês ainda têm?" A verdade é que chama a minha atenção também. Se eu seguir o caminho do meu pai e da minha mãe, tenho por volta de *oito*. (Nós, da família Brooks, costumamos morrer bem cedo.) O objetivo não é deixar ninguém deprimido, mas fazer nos lembrar de que, ao evidenciar o tempo por meio de acontecimentos memoráveis e escassos, temos uma noção muito melhor dessa brevidade. Assim, nós o utilizamos de forma mais sábia. É a mesma ideia de viver cada dia como se fosse o último.

Se seguirmos essa ideia, provavelmente resolveríamos nossos problemas de *workaholism* e vício em sucesso. O erro cognitivo que os alimenta é a ideia de que nosso tempo é ilimitado, então a decisão secundária — o que fazer na próxima hora — não é tão importante no contexto mais amplo. Só encaramos esse erro quando o tempo acaba e é tarde demais.

É o que consultores de gestão de negócios chamam de "erro de avaliação sistemática". Com isso em mente, adotei o trabalho de um especialista em negócios para um exercício a fim de me ajudar a resolver isso. O especialista é o falecido Clayton Christensen, que foi professor por muito tempo na Harvard Business School, onde eu trabalho. Christensen morreu alguns meses depois que cheguei à universidade, mas o legado dele é gigante na HBS, sobretudo por causa de seu famoso livro *Como avaliar sua vida?*.[51] Christensen analisa uma vida bem vivida da mesma forma que avaliaria uma empresa. Vale muito a pena ler o livro inteiro, mas uma seção me forneceu material para um exercício de três partes a fim de evitar as ciladas do *workaholism* e do vício em sucesso, ao mesmo tempo em que você investe em relacionamentos que trazem verdadeira satisfação.

1. ALOQUE O TEMPO BEM ANTES DO TEMPO

Pessoas de sucesso são boas em *análise marginal*: garantir que cada hora seja gasta da melhor maneira possível no momento. O problema é que isso sempre marginaliza as coisas que não têm uma recompensa no curto prazo — como relacionamentos. É por isso que uma hora extra no trabalho, mesmo quando você está exausto e improdutivo, pode tomar o lugar da primeira hora em casa, dia após dia, ano após ano — levando a problemas de solidão e alienação.

Para evitar esse erro, separo uma hora de uma tarde de domingo por mês e começo a me imaginar no fim da minha vida, cercado pelas pessoas que amo. Penso no que elas estão falando sobre mim.

Então, volto para o presente. Penso em como quero alocar meu tempo nas semanas seguintes. O que quero fazer com meu tempo nesta semana para cultivar os relacionamentos que vão resultar naquele cenário final imaginado? Talvez eu decida sair do trabalho na hora, deixar o escritório, chegar em casa para jantar e assistir a um filme com a minha família em seguida.

2. FAÇA O SEU TRABALHO PRINCIPAL

Muitos negócios dão errado por causa do que chamamos de "problema de Edsel", baseado no famoso caso do carro de 1958 que os executivos da Ford amavam, mas os consumidores odiavam. Eles vendiam o que *eles* gostavam, e não o que o cliente queria ou precisava. Podemos ser assim em nossos relacionamentos, principalmente quando nossa competência diminuiu depois de anos de negligência. Damos aos nossos familiares e amigos a oportunidade de passar tempo conosco de acordo com a nossa conveniência, fazendo o que é interessante para *nós*. E isso faz sentido: se sou o rei no trabalho, também sou o rei em casa!

Mas as coisas não funcionam dessa forma, óbvio. Relacionamentos amorosos não são hierárquicos, e sim recíprocos. Exigem dar o que as pessoas querem e precisam, e não o que é mais conveniente para quem está ofertando.

Eu escrevo regularmente uma lista com as pessoas com quem preciso fortalecer o relacionamento. Então, faço uma lista ao lado de cada uma delas com o que precisam de mim, coisas que só eu posso dar. Por exemplo, só eu posso fazer determinadas coisas pela minha esposa, assim como pelos meus filhos adultos. Quando essas ações são negligenciadas, os relacionamentos definham.

3. INVISTA DE FORMA INTELIGENTE

Certa vez, quando um dos meus filhos estava no ensino médio, ele me perguntou quais eram as três coisas que eu queria que ele tivesse na vida. Passei alguns dias pensando naquilo, e minha resposta me surpreendeu. Eu não disse felicidade, porque, embora isso seja importante, uma boa vida com

Cultive seu álamo-trêmulo 155

propósito e significado também exige infelicidade. Com toda a certeza não disse dinheiro nem fama, como vocês já devem imaginar. No fim, falei para ele: "Honestidade, compaixão e fé." São as coisas que achei que fariam dele o melhor homem no qual poderia se tornar.

Depois disso, decidi escrever três coisas para cada uma das pessoas que mais amo e depois perguntar para mim mesmo: estou investindo para que isso aconteça na vida deles? Estou colocando meu tempo, minha energia, meu afeto, conhecimento e dinheiro para o desenvolvimento desses ativos e dessas qualidades? Estou sendo um exemplo com o meu comportamento? Preciso de uma nova estratégia de investimento?

A recompensa

Em 2009, pesquisadores da Universidade de Rochester publicaram um estudo no qual recrutaram 147 recém-formados na universidade e lhes perguntaram seus objetivos pós-formatura.[52] Os pesquisadores descobriram que os objetivos se enquadravam em duas categorias básicas: objetivos "intrínsecos" e objetivos "extrínsecos". Os intrínsecos tinham a ver com satisfação a partir de relacionamentos duradouros e profundos. Já os extrínsecos tinham relação com ganhar muito dinheiro, ter muitas coisas, conquistar poder, reputação ou fama — em outras palavras, os desejos que formam o denominador da equação da satisfação. Essas são aquelas para cortar da sua lista.

Os estudiosos seguiram com a pesquisa um ano depois para descobrir como os participantes andavam. Para começar, a maioria dos recém-formados tinha alcançado seus objetivos: aqueles que desejavam ótimos relacionamentos os tinham, enquanto aqueles que desejavam dinheiro e poder estavam no caminho para consegui-los. Eis uma descoberta importante: você provavelmente vai obter o que deseja para a sua vida. Isso torna o velho ditado "Tome cuidado com o que você deseja" ainda mais verdadeiro.

A segunda descoberta, porém, é a mais profunda: os que tinham objetivos intrínsecos desfrutavam de uma vida mais feliz um ano depois. Enquanto isso, os que buscavam objetivos extrínsecos experimentavam emoções mais negativas, tais como vergonha e medo, e também sofriam de doenças. Em outras palavras, se os seus objetivos de vida se resumem a muito dinheiro, prestígio e outras coisas mundanas, você está no caminho de ter desejos de mais e satisfação de menos.

Você já sabia disso, não sabia? Talvez tenha sido viciado em objetivos extrínsecos a vida toda e se alimentado desse vício ao longo da subida em sua curva da inteligência fluida. Se você é maduro e tem experiência de vida — outra forma de dizer que está ficando velho, como eu —, sabe que as recompensas extrínsecas são metas tolas. Mas saber disso é exatamente o que nos leva às frustrações. Na juventude, você mantém a esperança de que, algum dia, "ter" vai trazer satisfação. Conforme os anos passam, você percebe que isso nunca vai acontecer. Mas os seus hábitos já estão tão enraizados e sua habilidade de buscar as velhas recompensas tão aguçada... Você busca uma esperança apagada de que, se tiver isso ou conquistar aquele objetivo mundano, vai enfim alcançar a satisfação que tanto busca. Esse é um exercício em vão, que deixa você emperrado no seu declínio da inteligência fluida, o único lugar que conhece para procurar recompensas.

Apenas uma mudança para os objetivos intrínsecos vai proporcionar o que você realmente deseja e trazer um preparo para que se chegue à segunda curva, que requer relacionamentos e sabedoria compartilhada no espírito do amor. É possível ter novos objetivos mais tarde na vida? Lógico que sim, mas você precisa manifestar seus valores intrínsecos de forma mais aberta. Vou ensinar um truque: visualize a si mesmo em uma festa. Alguém pergunta o que você faz, e você responde não com coisas extrínsecas como o nome do seu cargo, e sim com aquilo que sabe que vai proporcionar mais propósito, significado e alegria. Envolva sua vida espiritual, seus relacionamentos e a forma como você serve aos outros. Não se imagine dizendo que é advogado. Imagine-se dizendo: "Sou esposa e mãe de três filhos adultos." Não se preocupe se, no começo, não acreditar que é isso que você é e faz. Você vai tornar essas coisas verdadeiras ao verbalizá-las.

É difícil explicar de forma adequada a profundidade das recompensas de que um indivíduo desfruta quando os relacionamentos se tornam sua fonte "oficial" de propósito e satisfação. As pessoas comparam a encontrar um tesouro enterrado, e a única tristeza é que isso não tenha ocorrido antes. Os escritores fazem tributos ao êxtase do amor e da amizade. Assim como Ralph Waldo Emerson escreveu em seu alegre ensaio *Amizade*:

Acordei esta manhã devotamente agradecido por meus amigos, os velhos e os novos. Não devo chamar Deus de Belo já que todos os dias Ele se mostra para mim em seus presentes? Eu censuro a sociedade, aceito a solitude, e ainda assim não sou tão ingrato a ponto de não ver as mentes sábias, amáveis e nobres que de tempos em tempos passam pelo meu portão. Quem me escuta, quem me entende, se torna meu — uma propriedade para toda a vida.

Uma amizade íntima, seja ela fruto do amor companheiro do seu cônjuge, seja de um "amigo perfeito" de Aristóteles, é melhor do que qualquer sucesso profissional. Será o melhor bálsamo para as feridas do declínio profissional.

Lembrem-se de J. S. Bach, de quem já falamos. Ele amava o trabalho e desfrutou de seu sucesso prematuro, mas sabia o que era mais importante. Não é possível se tornar o pai atencioso de vinte filhos sem investimento significativo, e seus relacionamentos carinhosos — que ficaram bem documentados — com as duas esposas e com os filhos que sobreviveram indicam que esse investimento foi enorme. Ele os amava, e eles o amavam. O trabalho e a vida de Bach eram equilibrados, em parte, porque a linha em que um começava e o outro acabava era borrada. Suas invenções e sinfonias foram escritas como exercícios para os estudos musicais da família; sua segunda esposa foi sua copista; ele era um promotor incansável da carreira musical de seus filhos. A razão para Bach ter morrido como um homem feliz não foi seu sucesso como compositor, que diminuiu muito nas últimas décadas de sua vida, mas foram os relacionamentos cultivados, que se tornaram a força motriz por trás de sua mudança profissional de inovador compositor a professor e mestre.

Elevando ainda mais o amor

Eu achei que estava tendo uma ideia verdadeiramente original naquele dia embaixo do álamo-trêmulo. Mas, lógico, muitos já tinham visto aquilo antes de mim. O mais notável provavelmente foi Henry David Thoreau, que escreveu:

> *Dois carvalhos robustos que, lado a lado,*
> *Suportam a tempestade do inverno,*
> *E, apesar do vento soprado,*

Crescem como o orgulho do prado,
Pois ambos são fortes

Na parte de cima mal se tocam, mas são minadas
Até sua fonte mais profunda...
Admirado você verá
Suas raízes entrelaçadas
Inseparavelmente.[53]

Existe algo inerentemente transcendental sobre os relacionamentos e a forma mágica como, se permitirmos, eles nos elevam da nossa labuta material. Os obstinados têm uma oportunidade incrível, quando mudam da primeira para a segunda curva, de deixar de lutar contra a maré do declínio profissional e seguir para a fonte de alegria que é o amor dos outros.

Na verdade, o português, assim como o inglês, é uma língua pobre quando se trata de amor. Em grego, por exemplo, existem diversas palavras distintas para amor: *philia* (amor entre amigos), *eros* (amor romântico), *storge* (amor dos pais pelos filhos), *philautia* (amor-próprio) e *xenia* (hospitalidade, ou amor pelo estranho).

Entretanto, o mais transcendental de todos os conceitos gregos de amor é *agape*: o amor do homem pelo divino. É considerado o tipo de amor mais elevado, mais bem-aventurado. Alcançá-lo é uma espécie de êxtase. Todavia, ele não vem naturalmente para muitos obstinados, que, por muito tempo, colocaram toda sua fé em si mesmos e nas recompensas do trabalho. Nossa próxima lição é como todos nós podemos atingi-lo, independentemente de onde estejamos na nossa jornada de vida, e como ele pode nos dar a confiança para seguirmos em frente na nossa vida.

CAPÍTULO 7

Comece seu *vanaprastha*

ERA UMA MANHÃ ÚMIDA e pegajosa de fevereiro de 2018 quando eu parti para o interior do sul da Índia. Meu destino era uma cidadezinha chamada Palakkad, perto da fronteira entre os estados de Kerala e Tamil Nadu.

Preciso voltar um pouco na história. Por anos, desde que li, ainda jovem, os escritos do guru hindu Paramahansa Yogananda, eu sabia que existia uma antiga teoria indiana dos *ashramas* sobre como passar pela meia-idade com felicidade e elucidação. Eu não sabia muito além disso. Pesquisei no Google sobre o assunto, procurei livros em inglês e perguntei detalhes a amigos indianos, mas nunca encontrei nada profundo. Na verdade, isso nem é surpreendente. Uma enorme quantidade de profunda filosofia hindu tem resistido à globalização de ideias e informações. O que me falaram foi que, para encontrar o que estava procurando, eu precisava de um professor.

Não que essa busca apresentasse algum sacrifício para mim. Sou indomaníaco há anos. Desde a minha primeira visita ao país, aos 19 anos, amo a cultura, a música, a comida, a filosofia e, principalmente, os próprios indianos. Em meio ao senso de humor e à espiritualidade fácil deles, sempre me sinto em casa. Encontro uma desculpa para visitar o país pelo menos uma vez por ano e sentei-me aos pés de muitos professores espirituais no subcontinente.

Naquela manhã de 2018, levantei-me às quatro da manhã e viajei muitas horas de carro até uma casinha comum, onde eu esperava encontrar o guru Sri Nochur Venkataraman. Eu sabia por fontes confiáveis que Venkataraman, conhecido simplesmente como "Acharya" ("Professor") pelos seus discípulos, poderia me explicar os *ashramas* e, mais especificamente, quem eu deveria buscar ser ao me encaminhar para a metade final da minha vida.

Conseguir um encontro com Acharya não foi uma tarefa fácil. Diferentemente de muitos gurus empreendedores na Índia, que buscam riqueza e fama, Acharya não é rico, não busca presença na mídia e nunca foi ao Ocidente. Ele é um homem tranquilo e humilde que se dedica a ajudar as pessoas a alcançar o crescimento espiritual. Ele não tem o menor interesse em engenheiros de tecnologia que buscam uma luz sobre uma nova ideia de startup ou diletantes ocidentais fugindo da própria religião. Mas, com um pouco de persuasão, consegui convencer o séquito dele de que eu não estava atrás de uma nova fé comercial nem de dinheiro.

O encontro parecia uma cena para televisão, embora não houvesse câmeras. Tirei minhas sandálias e entrei em uma casa normal, onde encontrei o guru cercado por devotos em silêncio. Ele fez o tradicional cumprimento de namastê com as mãos e disse: "Eu estava esperando por você." Nós nos sentamos, e de imediato fui preenchido por uma sensação de paz. Por alguns minutos, me esqueci da razão de estar ali.

Recuperando meu foco, contei a Acharya que eu estava em busca de como viver segundo os estágios apropriados da vida. Muitas pessoas sofrem ao envelhecer porque perdem as habilidades que conquistaram por meio de anos de trabalho duro. Passar para um novo estágio na vida é difícil — assustador, até. Eu tinha ouvido falar que ele poderia me oferecer alguns discernimentos sobre esses assuntos.

Nas duas horas seguintes, Acharya explicou o antigo ensinamento indiano de que uma vida apropriada deve ser vivida em quatro estágios — esses são os *ashramas*. De forma ideal, cada *ashrama* dura 25 anos. Lógico que nem sempre é assim que acontece. Hoje em dia, nos Estados Unidos, a chance de se viver até os 100 anos é de uma em 6 mil; esse número é ainda menor na Índia. Mas a questão mais relevante da sabedoria não é conseguir viver cem anos nem dividir a vida em partes iguais; é passar tempo significativo em cada estágio distinto.

O primeiro *ashrama* é *brahmacharya*, os períodos da juventude e da fase inicial da idade adulta dedicados ao aprendizado. O segundo é *grihastha*, momento em que a pessoa constrói uma carreira, acumula riquezas e sustenta uma família. Esse segundo estágio parece bem direto e incontroverso, mas é nele que os filósofos hindus encontram uma das armadilhas mais comuns da vida: as pessoas se apegam às recompensas mundanas — dinheiro, poder, sexo, prestígio — e, assim, tentam fazer com que esse estágio dure até o fim da vida. Soa familiar? Essa é outra descrição sobre ficar preso na curva da inteligência fluida, buscando os quatro ídolos de

Tomás de Aquino — dinheiro, poder, prazer e honra — que levam à auto-objetificação, mas nunca trazem satisfação.

Para se livrar do apego a esses ídolos, é necessário passar para um novo estágio da vida, munido de um novo conjunto de habilidades — as espirituais. A mudança pode ser dolorosa, disse Acharya, como se tornar adulto uma segunda vez. E significa se desprender de coisas que nos definem aos olhos do mundo. Em outras palavras, precisamos ir além das recompensas mundanas a fim de experimentar a transição e encontrar a sabedoria em um novo *ashrama* — e assim derrotar o flagelo dos apegos. Isso costuma acontecer, se formos diligentes, por volta dos 50 anos.

E o novo estágio? Ele se chama *vanaprastha*, que vem de duas palavras em sânscrito que significam "aposentar" e "na floresta."[1] É nesse estágio que, com propósito, começamos a nos afastar das nossas antigas tarefas pessoais e profissionais e ficamos cada vez mais dedicados à espiritualidade, à sabedoria profunda, à inteligência cristalizada, ao ensino e à fé. Isso não significa que a vida perfeita exija que você se aposente e vá morar numa floresta aos 50 anos; e sim que os objetivos de vida da pessoa devem se reajustar. *Vanaprastha* é o contexto metafísico da segunda curva.

Então Acharya me explicou que *vanaprastha* não é a última parada. Esta seria *sannyasa*, o último estágio espiritual que surge na velhice. É o estágio totalmente dedicado aos frutos da elucidação. No passado, alguns homens hindus literalmente deixavam suas famílias quando tinham cerca de 75 anos, faziam votos sagrados e passavam o restante da vida aos pés dos mestres, rezando e estudando as escrituras sagradas. Nas palavras de Acharya: "No momento em que percebe o seu Eu, você não é mais o corpo. Entende que é a Verdade infinita. Esse reconhecimento, essa percepção é *sannyasa*."

Mesmo que ficar sentado em uma caverna aos 75 anos não seja muito a sua praia, a questão ainda deve estar evidente. O objetivo da última fase da vida é beber do cálice dos segredos mais profundos da existência. Mas, para conseguir fazer isso, é necessário estudo e trabalho acerca de assuntos filosóficos e teológicos, o que acontece nos anos de *vanaprastha*. Não se pode simplesmente chegar e esperar a iluminação; seria como chegar nas Olimpíadas sem nunca ter treinado como um atleta.

Acredito que isso seja algo que compreendemos de forma intuitiva — que, conforme amadurecemos, devemos buscar crescimento espiritual, antecipando uma idade avançada cheia de discernimento. É por isso que muitos voltam para sua antiga fé, uma nova fé, uma fé mais profunda ou uma fé renovada.

Algumas pessoas, no entanto, resistem a essas mudanças com toda a força. Ao se enfurecer com o declínio e negar as realidades de mudança, elas também bloqueiam sua necessidade pelo metafísico. Vivem as últimas décadas olhando pela janela traseira do carro, enquanto observam, nervosos, o passado glorioso ficar para trás, sem querer olhar para o futuro e suas novas promessas e aventuras transcendentais. Como o homem no avião.

Contei a Acharya sobre o homem. Ele escutou com atenção e pensou por um minuto. "Ele não conseguiu sair do *grihastha*", disse ele. "Ficou viciado nas recompensas do mundo." Ele explicou que o valor próprio do homem provavelmente ainda vinha das lembranças dos sucessos profissionais de muitos anos antes e, apesar de continuar sendo reconhecido, aquilo era um mero resultado das habilidades que já tinham sido perdidas havia tempos. Qualquer glória atual era uma mera sombra das glórias do passado. Enquanto isso, ele tinha pulado completamente o desenvolvimento espiritual do *vanaprastha* e agora estava perdendo o prazer do *sannyasa*.

Isso dá um norte para aqueles de nós sofrendo com o princípio da gravitação psicoprofissional. Digamos que você seja um advogado com honorários altos, um jornalista, um importante CEO ou, como eu na época em que encontrei Acharya, presidente de uma *think tank*. Do início da idade adulta até a meia-idade, nosso pé está no acelerador profissional. Buscamos as recompensas mundanas do sucesso, conseguimos algumas (ou muitas) e podemos ficar profundamente apegados a elas. Mas devemos nos preparar para nos afastar dessas conquistas e recompensas antes que nos sintamos prontos. O declínio na inteligência fluida é um sinal de que não é hora de ficar com raiva, o que só dobra sua insatisfação com os apegos e leva à frustração. Em vez disso, é hora de escalar a inteligência cristalizada, usar sua sabedoria e compartilhá-la com os outros.

Perguntei a Acharya qual seria o conselho que ele daria a qualquer pessoa da minha idade que seja *workaholic* — ou seja, que é especial, mas não feliz —, tenha vício em sucesso e trema só de pensar em deixar o *grihastha*. Ele fez uma longa pausa.

— Conheça a si mesmo — respondeu ele, enfim. — Só isso. Nada mais. Nada mais liberta.

— Como? — perguntei.

— Indo para dentro — replicou ele. — Quando sua mente está tranquila, você descobre que o tesouro está esperando dentro de você.

A fé aumenta conforme envelhecemos

Muitas pessoas descobrem que, em um estado transicional na meia-idade, o interesse por religião e espiritualidade aumenta de forma inesperada. O interesse pela fé, religião, espiritualidade ou, talvez, apenas pelo transcendental costuma crescer no nosso coração ao chegarmos à metade da vida adulta. Isso pode parecer estranho, porque as pessoas costumam se tornar mais céticas diante do que é "mágico". Ninguém com mais de 10 anos, ainda mais aos 40, acredita em Coelhinho da Páscoa, mas é supreendentemente comum encontrar anseios religiosos rondando quando a pessoa está nos 40 ou 50 anos, às vezes mais. Para muitos, o metafísico começa a parecer *real* à medida que envelhecemos, por isso têm início mudanças em nós mesmos que não conseguimos explicar.

O teólogo James Fowler explicou esse padrão em seu famoso livro de 1981, *Estágios da fé*.[2] Depois de estudar centenas de pessoas, Fowler observou que, enquanto jovens adultas, muitas se afastam do que parece arbitrário ou moralmente retrógrado, tais como ideias relacionadas à sexualidade. Elas também podem se desiludir pela incapacidade da religião de explicar os enigmas mais difíceis da vida — por exemplo, a ideia de um Deus bondoso em um mundo cheio de sofrimento.

Ao envelhecerem, porém, as pessoas começam a reconhecer que nada na vida é ordenado. Segundo Fowler, é nesse momento que elas se tornam tolerantes às ambiguidades da religião e começam a perceber a beleza e a transcendência na fé e na espiritualidade — na mesma fé da infância ou em outra. Uma pesquisa posterior de Fowler questionava se os estágios que ele descobriu nas décadas de 1970 e 1980 estavam de acordo com os desenvolvimentos modernos (tais como a queda na participação religiosa nos Estados Unidos), e a conclusão foi de que sim.[3]

Todavia, obstinados costumam ser menos preparados para essa mudança, porque a maioria fez pouco ou nenhum investimento nessa área da vida. Na escalada profissional, a fé e a espiritualidade podem ser "legais de se ter", mas não são uma prioridade, então são esquecidas.

Para aqueles que aceitam a fé nesse estágio, porém, é uma alegre epifania. Diversas pesquisas revelam que adultos religiosos e espiritualizados costumam ser mais felizes e menos deprimidos do que aqueles sem uma fé.[4] E os benefícios de se encontrar a fé quando adulto vão além da satisfação na vida, de acordo com pesquisas sobre o assunto: religião e espiritualidade também estão ligadas à melhor saúde física.[5] Isso se deve, em parte, ao fato de a maioria dos estudos mostrar que os praticantes são menos propensos a abusar de álcool e drogas.[6]

Às vezes, pesquisadores especulam, sem muito afinco, o porquê disso, e apontam para estilos de vida saudáveis ou maiores interações sociais quando as pessoas frequentam cultos religiosos. Depois de muitos anos nessa área, acredito que essas constatações sejam verdadeiras, mas a melhor explicação para o choque de felicidade é bem mais simples do que esses benefícios indiretos. Quando você dedica tempo e esforço consideráveis a elementos transcendentais, seu mundinho entra em um contexto adequado e tira o foco de si mesmo. Na maior parte dos dias, penso *eu, eu, eu*. É como assistir ao mesmo programa triste de TV, repetidas vezes, o dia todo. É tão *chato*. A fé me força a ter consciência do cosmos, a considerar a fonte de verdade, a origem da vida e as coisas boas nos outros. Esse foco traz descanso e alívio.

Uma pergunta que regularmente me fazem é se esse foco maior precisa ser religioso ou espiritual. Poderia ser, digamos, um interesse em filosofia? A resposta é que sim. Um exemplo perfeito é o interesse crescente entre os jovens de hoje no pensamento do grego antigo — especificamente, filosofia epicurista e estoica. Nos últimos anos, muitas pessoas se interessaram pelas obras de Epicuro, Epicteto, Sêneca e Marco Aurélio. E não por razões intelectuais: elas encontram segredos do significado da vida nessas obras e ficam felizes por isso.

Resumindo: se você está em um estado transicional na vida e se vê cada vez mais interessado em assuntos transcendentais — mesmo que tenha marginalizado essa parte no passado —, você está de acordo com o cronograma. Não resista.

Minha fé e meu guru

Religião e espiritualidade são temas delicados — são particulares e, às vezes, controversos. Há uma razão para tantos clubes proibirem qualquer discussão sobre política ou religião: desavenças ideológicas já acabaram com amizades e começaram guerras. Discussões sobre religião são repletas de desconfiança, porque sempre parece que alguém está tentando "vender uma ideia" — converter em vez de aceitar questionamentos e ideias de cabeça aberta. Eu pensei em deixar isso fora deste capítulo.

Não existe nenhuma forma real de contornar esses problemas por completo, mas ajuda quando, em uma conversa sobre fé, o seu interlocutor coloca as cartas na mesa. Você é capaz de avaliar melhor os argumentos quando entende, pelo menos, o raciocínio dele. Dessa forma, é mais difícil esconder seus reais objetivos.

Com isso em mente, vou falar sobre a minha jornada de fé. Sou católico romano convertido, tendo frequentado a Igreja já adolescente depois de ter sido criado em um lar protestante. Minha fé cristã era crucial para a vida dos meus pais, assim como é para a minha, apesar de eu praticar de uma forma diferente da deles.

Minhas inspirações espirituais vêm de todos os lugares, desde meus estudos sobre outras religiões até meu amor pela matemática, passando pela música de J. S. Bach, sobre quem escrevi alguns capítulos atrás como sendo o *sine qua non* do salto da curva da inteligência fluida para a cristalizada.

Também me inspiro na própria fé de Bach. A adaptação da carreira dele não foi o aspecto mais relevante de sua história pessoal, e sim seu relacionamento com Deus. A Bíblia da família Bach estava gasta devido à leitura diária, as margens eram tomadas por anotações dele de agradecimento e prece. Ele terminava cada uma de suas partituras com as palavras *Soli Deo gloria*: "Glória somente a Deus." Acreditava que cada nota que escrevia era uma inspiração santificada e divina: "Eu toco as notas da mesma forma que foram compostas", dizia ele, "mas é Deus quem faz a música." Quando perguntaram por que ele compunha música, sua resposta foi simples, mas profunda: "O objetivo e o fim de todas as músicas deviam ser nada além de glória a Deus e repouso para a alma."[7]

Eu queria responder como Bach sobre o meu trabalho — santificá-lo para a glória a Deus e para servir aos outros. De fato, essa é uma das razões que me fez mudar da música para as ciências sociais, por mais absurdo que possa parecer.

O caminho da minha esposa para a fé foi diferente. Ela foi criada na mega-ateísta Barcelona. (Se está pensando *Mas a Espanha é um lugar religioso*, você está desatualizado: a Espanha é hoje um país efetivamente pós-cristão... Pense na Dinamarca.) Ela foi poucas vezes à missa durante toda a vida. Não era religiosa e, de fato, era um tanto hostil às religiões de todas as variedades — principalmente ao catolicismo. Depois que me casei, eu frequentava a igreja, mas minha esposa não me acompanhava. Quando nossos filhos nasceram, eu os levava comigo nas manhãs de domingo enquanto ela descansava e continuava dormindo. Permanecemos assim por um longo período, o que era uma fonte de tristeza para mim.

Eu já tinha quase desistido da ideia de que ela acabaria encontrando a própria fé quando — de repente, me pareceu — surgiu nela um interesse pela espiritualidade católica. Não sei exatamente o que aconteceu. Na década seguinte, sua fé aumentou enquanto praticava, estudava e aprendia, até que se tornou o centro da vida da minha esposa, e ela se tornou a mais religiosa de nós dois.

Então, quando comecei este projeto alguns anos atrás, senti uma necessidade de elevar a minha fé, de me tornar mais sério nas minhas crenças. Esse foi o fator motivador por trás da minha temporada no interior do sul da Índia em 2018. As lições de Acharya sobre *vanaprastha* expandiram a minha consciência em larga escala e tornaram possível conectar a minha jornada espiritual, a curva de inteligência cristalizada e o processo de cortar os excessos.

Contei para Acharya sobre Ester — como nos conhecemos trinta anos antes, quando eu estava em turnê pela Europa; como eu achei que estava apaixonado apenas duas horas depois, mesmo que não tenhamos trocado uma palavra sequer no mesmo idioma; como eu pedi demissão do meu emprego em Nova York e me mudei para Barcelona em uma aposta de convencê-la a se casar comigo.

Acharya me perguntou sobre a fé que ela tinha. E eu falei a verdade: que a descoberta dela fora tardia, mas que agora Ester me guiava pelo caminho da retidão; que ela me ensinava as Escrituras, me ajudava nas minhas orações e me levava à missa todo santo dia. Ele me contemplou em silêncio por um momento. Então, disse de forma bem direta: "Ela é o seu guru."

No texto sagrado hindu Uddhava Gita, Senhor Krishna ensina: "Aquele que deseja adotar a terceira ordem da vida, *vanaprastha*, deve entrar na floresta com a mente em paz, deixando a esposa com os filhos maduros." Mas, então, ele acrescenta: "Ou levando-a consigo."[8]

Eu escolho a segunda opção.

Nicodemos à noite

Desenvolver a vida espiritual pode parecer assustador. Algumas pessoas não sabem nem por onde começar. Mas outras, após uma vida autossuficiente de obstinados, ficam relutantes até em admitir que querem tentar. Eu chamo essa última situação de "síndrome de Nicodemos".

Nicodemos foi um fariseu, membro de um poderoso grupo de líderes religiosos chamado Sinédrio, na Palestina, no início da Era Cristã. Ele se arriscou muito ao sair escondido à noite para uma reunião ilícita. Mas o impulso no seu coração era forte demais; havia dias em que não pensava em quase mais nada. O objeto de sua atração não era uma amante, mas um professor espiritual diferente de todos os outros que ele já tinha escutado ou encontrado. O professor fazia milagres e, mais importante, parecia conhecer Nicodemos a fundo, apesar de eles terem acabado de se conhecer. "Ah, como é verdadeiro / O que ele lê em meu coração!", o poeta Henry Wadsworth Longfellow o imaginou dizendo.[9]

Nicodemos encontrou o professor na rua escura, esperando por ele com uma expressão penetrante e ao mesmo tempo tranquilizadora. Mas o homem permaneceu em silêncio: era o momento do fariseu de expor a própria alma. "Rabino, sabemos que tu és um professor enviado por Deus", disse Nicodemos. "Ninguém é capaz de fazer os milagres que tu tens feito se não estiver com Deus."

O professor era, óbvio, Jesus de Nazaré. Havia meses que os amigos fariseus de Nicodemos vinham protestando contra Jesus por desprezar abertamente as regras deles do dia de descanso e por ter tido a coragem de denunciá-los como hipócritas. Nicodemos também deveria odiá-lo, mas sua atração pela mensagem do professor que pregava o amor generoso de Deus chegou em um momento crucial em sua vida — ele havia começado a questionar as próprias crenças.

Quando Nicodemos aparece quatro capítulos depois no Evangelho de São João, vemos que ele está em transição entre suas velhas crenças e as novas que tanto o atraem. Ele pertence a um grupo de fariseus que tem a intenção de prender Jesus por seus ensinamentos hereges. Embora ainda do lado da "instituição", Nicodemos defende abertamente Jesus para seus colegas, perguntando: "Nossa lei condena alguém, sem primeiro ouvi-lo para saber o que ele está fazendo?"

Como era de se esperar, os colegas fariseus se viraram contra Nicodemos. "Você também é da Galileia?", perguntaram, zombando da região de onde Jesus vinha, que era considerada ultrapassada em comparação à cosmopolita Jerusalém; aquele tipo de local que hoje os ricos e poderosos só sobrevoam com seus aviões. "Verifique, e descobrirá que da Galileia não surge profeta." Ele estava em uma posição desconfortável. Imagine defender um democrata pouco popular em uma reunião republicana, ou vice-versa, e você terá uma vaga ideia do que ele deve ter vivenciado.

O fato de ele defender Jesus colocava em risco o seu status, e ficar entre dois polos simplesmente não era possível. Qual é a escolha dele? Temos que esperar mais doze capítulos para descobrir, quando Nicodemos aparece uma última vez, logo após a execução de Jesus na cruz. Diferentemente de tantos seguidores que se afastaram quando o professor foi condenado à morte, Nicodemos se responsabiliza pelo corpo sem vida de Jesus, e o preserva com "cerca de 34 quilos de uma mistura de mirra e aloés". Agora, é óbvio que ele está totalmente devotado a Jesus, mesmo depois da morte do Mestre.

Hoje, Nicodemos é um santo da Igreja Católica e das Igrejas Ortodoxas Orientais, além de ter o encantador título de Santo Patrono da Curiosidade. Não importa quais são as suas preferências religiosas, talvez você possa aprender algo com a transformação dele.

Superando barreiras no caminho

A síndrome de Nicodemos é apenas uma barreira. Existem outras que podem fazer com que uma pessoa que tem fome espiritual volte atrás se não conseguir encarar uma forma de contornar esse obstáculo — ainda mais se isso for novidade.

1. O "NADA" NO ESPELHO

Nicodemos foi procurar Jesus à noite porque não queria que ninguém testemunhasse o encontro. Sendo um homem poderoso e bem-sucedido, temia ser visto questionando suas crenças estabelecidas e considerando algo novo.

Encontro com frequência pessoas de meia-idade que estão tendo centelhas religiosas pela primeira vez ou, pelo menos, pela primeira vez desde que eram jovens. Mas, como

Nicodemos, muitas ficam confusas e até perturbadas com essas ânsias, em especial se nunca encararam a fé como algo importante, ou se afastaram dela quando jovens e se redefiniram como não religiosas — ou até antirreligiosas. Largar essa postura faz com que as pessoas sintam como se os outros fossem achá-la fraca ou desleal.

Além disso, pode desequilibrar o autoconceito da pessoa, algo extremamente desconfortável. O psicólogo Carl Rogers tem um argumento famoso em que diz que sempre precisamos de uma resposta para a pergunta: "Quem sou eu?"[10] Desenvolvemos nosso autoconceito conforme crescemos e envelhecemos; Rogers definiu pessoas equilibradas como aquelas que têm um autoconceito que combina com suas experiências de vida. Por outro lado, definiu uma pessoa neurótica como aquela que não consegue aceitar as próprias experiências como válidas e, assim, tem um autoconceito distorcido.

Resistimos a qualquer desvio do nosso autoconceito porque isso acarreta sentimentos de insegurança. É por isso que a adolescência é tão difícil. Adolescentes não sabem de verdade a resposta para a questão "Quem sou eu?", e isso os deixa um pouco insanos. É por esse motivo também que às vezes os pais e as mães os acham tão diferentes quando voltam para casa pela primeira vez durante uma temporada na faculdade.

A adolescência não é a única fase em que o autoconceito se torna especialmente fluido; outra crise clássica em relação a ele é quando, enquanto adultos, começamos a questionar, do nada, nosso eu autodeclarado como uma pessoa não religiosa, ou, no jargão de pesquisa, um "nada", como um quinto dos norte-americanos se classifica.[11] Embora "nada" não seja uma barreira para encontrar a fé — é um vazio a ser preenchido, certo? —, na verdade, é um compromisso, uma identidade tão poderosa quanto "judeu" ou "budista".

Mudar o autoconceito enquanto um "nada" é confuso e um golpe forte no orgulho de uma pessoa. O orgulho nos congela em nossa imagem, nossas crenças e posições. Afastar-se de uma postura comprometida como "nada" pode ser humilhante, uma declaração de fraqueza. Conheci pessoas que, após anos afirmando a estupidez da religião e da espiritualidade, acabaram indo de fininho à igreja, como se fosse um encontro amoroso proibido. Esse é o Nicodemos à noite.

Mesmo que, agora, "nada" seja um retrato fiel de você, não precisa fechar a sua mente para a religião e a espiritualidade. O segredo é mudar com sutileza seu autoconceito de "nada" para "nada neste momento" ou talvez "nada, mas aberto a sugestões". Isso injeta o elemento da vulnerabilidade no seu entendimento de si mesmo, algo que tem um efeito poderoso. Embora você não tenha fé agora, a porta está escancarada. Alguma coisa talvez entre.

2. PAPAI NOEL NA IGREJA

Certa vez, quando meus filhos eram pequenos, passamos de carro na frente de uma igreja local. Meu filho mais velho, que devia ter uns 4 anos, perguntou se o Papai Noel morava lá. Eu e minha esposa achamos o questionamento engraçadíssimo, mas isso nos mostra um problema típico na formação da fé: nossa primeira impressão de fé e espiritualidade tende a ser infantil — e essa impressão pode nos perseguir enquanto amadurecemos. É comum discutirmos religião como uma miscelânea de mitos e tolices infantis que adultos bem ajustados deveriam deixar para trás.

Muitas pessoas contrárias à religião atacam-na se valendo dessas lembranças. Por exemplo, pouco antes do Natal de 2010, vi um outdoor na entrada do túnel Lincoln (que leva dezenas de milhares de pessoas de Nova Jersey para a cidade de Nova York todos os dias) que exibia a silhueta dos três reis magos se aproximando de Belém. Uma legenda dizia: "Você sabe que é um mito. Esta temporada, celebre a razão!"

Admito que caí na gargalhada quando vi (embora eu seja uma pessoa religiosa), porque foi um estratagema muito inteligente criado por um grupo que é contrário a todas as religiões. Mas não era um apelo à *razão* — muito pelo contrário. O que estava ali era um apelo para reduzirmos nossa fé a uma história bíblica sobre a qual muitos de nós escutamos quando crianças e, quando adultos, rejeitamos se ela não for precisa em todos os detalhes. É tão razoável quanto se divorciar do seu cônjuge porque essa pessoa não faz jus ao "felizes para sempre" dos contos de fadas que você lia quando era criança. É uma infantilidade.

Quando o anseio espiritual surge, nós adultos não devemos remetê-lo a ideias ingênuas que tínhamos quando crianças — não faríamos isso em relação a nenhuma outra área da vida. Em vez disso, devemos buscar mentes maiores que a nossa. Toda importante tradição religiosa, espiritual e filosófica ostenta uma biblioteca de escritores e pensadores que vai além do que conseguimos apreender em uma vida inteira. Por exemplo, Tomás de Aquino foi um gênio incomparável, que escrevia 25 livros ao mesmo tempo, todos versados e eruditos. Sua mais importante obra, a magistral *Suma teológica*, é uma obra-prima de filosofia e antecipou quase todas as objeções sérias à fé.

Se você admitir que a maneira como encarava sua religião na infância era ingênua, então poderá se permitir buscar verdades transcendentais não como as aprendeu, e sim de uma perspectiva madura e crítica. Isso exige que você se emancipe das versões de desenhos animados de sua mente — deixe-as para trás — e se abra ao pensamento e aos escritos de eruditos e praticantes dignos.

3. A TIRANIA DO TEMPO

Praticar a fé requer tempo e esforço; não tem como pegar um atalho e fugir. Assim, ela compete com as exigências da nossa vida ordinária. Não é realmente possível contemplar os segredos do universo em duas horas; essa seria a duração de um filme. Se você frequenta cultos de adoração, já são duas horas toda semana. Se você lê, reza ou medita — e quer alcançar algo com isso —, é um tempo que dedica todos os dias. E isso é o mínimo. Qualquer praticante avançado de fé ou espiritualidade dedica tanto tempo à sua prática quanto um atleta dedica aos exercícios, porque é o necessário para progredir. E também é o que querem fazer, porque traz uma gratificação profunda.

Mas, pelo menos no começo, é uma enorme imposição de tempo. Por isso, muitas pessoas que almejam a fé simplesmente nunca encontram tempo ou nunca se esforçam o suficiente para desenvolver algo significativo. Apenas colocam uma pedra em cima da fé e acabam se desculpando, como um velho amigo meu (que já morreu) me confessou: "Meu único arrependimento é não ter cuidado da minha fé."

A solução aqui é parar de encarar seu desenvolvimento espiritual como um interesse secundário e colocá-lo no centro da sua vida. Se eu dissesse que você tem um sério problema de saúde que requer que se exercite meia hora por dia e tome um remédio, você obedeceria. Nem todo mundo obedeceria, mas *você*, sim — eu sei disso porque ninguém que tenha lido este livro até aqui é relaxado com o autodesenvolvimento. Bem, o seu desenvolvimento espiritual tem esse nível de importância. Você deve arranjar o tempo e planejar sua meditação, oração, leitura e prática. Todos os dias.

Caminhar e transcender

Alguns só precisam de uma desculpa para começar — um sinal no equilíbrio da vida que permita que eles experimentem algo novo. Eis uma sugestão simples: saia para uma caminhada.

Quando eu estava com Acharya, meus sentidos espirituais se elevaram, e percebi algo que não tinha visto em nenhuma das minhas viagens para a Índia: o número de pessoas em oração andando nas estradas. Em alguns lugares, como na cidade sagrada de Matura (onde acredita-se que Senhor Krishna nasceu e que ostenta 5 mil templos), esses oradores ambulantes estão por todo lugar. Perguntei a um amigo indiano sobre essa tradição. Ele me disse que são os *yaatrees* — peregrinos. Na tradição hindu, o "andarilho", geralmente alguém em situação de rua e sem um centavo, é reverenciado, e a peregrinação é considerada essencial para o despertar espiritual das pessoas comuns.

Em quase todas as grandes religiões há peregrinações, que são, segundo as diferentes definições, "a travessia de certa distância de casa para um lugar sagrado", motivada por um sentimento ou crença e realizada como um ato de devoção,[12] desde o *hajj* dos muçulmanos a Meca até a peregrinação dos budistas a Bodh Gaya (onde está a figueira sob a qual acredita-se que Buda se iluminou). E, para os católicos, há o famoso Caminho de Santiago, que cruza o norte da Espanha. Desde que me encontrei com Acharya, fiz duas partes do Caminho de Santiago, que duraram uma semana cada, traçando rotas diferentes nas duas vezes e passando por aldeias rurais e estradas romanas até a famosa Catedral de Santiago de Compostela, onde acredita-se que estão os restos mortais do apóstolo São Tiago (Santiago, na Espanha). Desde que foi construída, no século IX, ela atraiu milhões de pessoas. Caiu em desuso no século XX, mas voltou a se tornar popular por causa do filme *O caminho*, com Martin Sheen. Desde então, o número de peregrinos no Caminho de Santiago só aumentou, subindo de 145.877 em 2009 para 347.578 em 2019.[13]

Por que eles fazem isso? Por um único motivo: caminhar é um excelente exercício; de fato, um dos melhores que podemos praticar para nossa saúde e felicidade. Alguns esperam que seja uma aventura, que é como o governo espanhol faz parecer nas propagandas. Isso me deixa perplexo, porque certamente *não* é uma aventura, a não ser que você pense que vai encontrar adrenalina em um ato repetitivo e monótono durante horas por dia. Não tem nenhum perigo além do eventual cachorro de uma aldeia no caminho, e nenhum grande desafio além de músculos doloridos e bolhas causadas por andar 20 quilômetros por dia.

O segredo do Caminho, porém, é a total *falta* de emoção. No começo da jornada, gritos internos atormentam o peregrino, que não está acostumado à monotonia e ao tédio. Milhares de pensamentos sobre as exigências da vida o importunam; ele fica tentado a parar em cada lanchonete da estrada com Wi-Fi para saber notícias do mundo exterior. Mas, por volta do terceiro dia, isso começa a aquietar, conforme a caminhada vai harmonizando a mente com o corpo, em um ritmo natural e espontâneo. A caminhada se torna uma longa canção — um *andante*, óbvio — que não se arrasta nem se apressa, trazendo, assim, uma sensação de tranquilidade.

O Caminho é uma forma de meditação ambulante estendida, uma prática em muitas tradições. "Cada respiração consciente, cada passo consciente, nos lembra de que estamos vivos neste lindo planeta", explica o mestre budista Thich Nhat Hanh.[14] "Não precisamos de mais nada. Já é maravilhoso o suficiente apenas estar vivo, respirar e dar mais um passo." O teólogo japonês Kosuke Koyama mistura a ideia oriental com sua fé cristã em seu livro *Three Mile an Hour God*, que se refere à "velocidade que andamos e, portanto, é a velocidade na qual o amor de Deus se move".[15]

Os efeitos transcendentais de uma peregrinação aparecem após alguns dias, em ondas de percepção. De fato, as minhas experiências são bem parecidas com as causadas, segundo dizem, por alucinógenos. Por exemplo, desfrutei de um raro alívio da esteira hedônica. O Caminho se trata de caminhar, não de chegar, expondo o paradoxo da satisfação. A realização não pode vir quando o momento presente é pouco mais que uma batalha a ser suportada para alcançar o futuro, porque aquele futuro está fadado a ser nada mais do que a batalha de um novo presente, e o glorioso estado final nunca chega. O foco deve estar na caminhada que é a vida com seu fio contínuo de momentos presentes.

Cada momento presente, por sua vez, fornece pequenas satisfações que perdemos quando nos voltamos apenas para o maior e melhor. Por exemplo, em certa manhã, minha esposa e eu nos deparamos com a mais estranha flor que já tínhamos visto, o maracujá-azul (*Passiflora caerulea*), que é original da América do Sul, mas que se sente em casa na Galiza. Antenas que parecem com as de um alienígena saem de pétalas tricolores, que florescem de folhas em perfeita simetria. Ficamos observando-a, paralisados, por dez minutos. Isso seria impossível em um dia típico na esteira hedônica, em que corremos atrás de prêmios que perdem toda a cor quando comparados à flor do maracujá-azul.

A separação forçada das ambições comuns dá a real dimensão da vida de uma pessoa. Dalai Lama sempre me lembrava que eu era "um em sete bilhões". Com isso, ele não queria dizer que eu era insignificante ou como qualquer outra pessoa, e sim me encorajar a abrir a minha perspectiva estreita sobre a *minha* vida, *meu* trabalho, *meus* relacionamentos, *meu* dinheiro. Isso é difícil na vida comum, mas é fácil no Caminho. Enquanto ando, me vejo como uma em sete bilhões de pessoas que têm uma breve existência em uma linha do tempo de milhões de anos desde o passado até o futuro. Considero a insignificância não da minha vida, e sim dos detalhes mundanos que costumam me distrair das verdades metafísicas. Penso, por exemplo, em como seria trivial em um contexto mais amplo das coisas se eu perdesse meu celular ou amassasse meu carro.

Enquanto passos marcam cada momento presente, um dia é o período de tempo perfeito a ser dedicado a uma intenção; para se concentrar em uma oração ou meditação para o bem do outro. Um dia, é pessoal: meu filho na Marinha; outro dia, é global: as pessoas ao redor do mundo que sofrem com a pobreza e com conflitos. Meditar enquanto caminhamos cria um senso de amor e compaixão pelos objetos de cada intenção e termina com a resolução concreta em agir de forma que faça jus a isso.

Finalmente, vem a gratidão. Muitos já escreveram sobre a chamada "caminhada da gratidão": a prática de focar os acontecimentos positivos da sua vida enquanto caminha, ajudando você a saborear a felicidade ao ampliar seu senso de gratidão. Pratiquei isso durante todo o período de isolamento por conta da Covid-19, em caminhadas pela minha vizinhança, à noite, após o jantar. É uma das lembranças mais doces que tenho daquele período que, inadvertidamente, me preparou para o meu Caminho em 2021. Praticamente no momento em que comecei minha jornada, minha gratidão começou a borbulhar — pela minha família, pela fé, pelos amigos e pelo trabalho; mas também por poder beber um copo de água gelada, tirar meus sapatos e ter um travesseiro macio à noite.

Eu ainda vou passar anos assimilando os meus Caminhos. Eles me ajudaram a entender muito da mudança e da turbulência na minha vida e me posicionar para uma *vanaprastha* frutífera. Apesar de estar me esforçando ao máximo aqui para descrevê--los, eles são uma experiência fundamentalmente indescritível. "É a sua estrada, e só sua", escreveu o poeta sufi Rumi.[16] "Outros podem caminhar com você, mas ninguém pode caminhar por você." Só posso dizer que você não será o mesmo depois disso. O Caminho dará uma supercarga no seu *vanaprastha*. Você vai seguir caminhando direto para sua segunda curva.

A força para saltar

Quando pensamos na nossa identidade como algo fixo e imutável — *eu sou esse tipo de pessoa; não sou aquele tipo de pessoa* —, estamos nos fechando para muitas possibilidades que a vida oferece. Abrir-nos para reavaliarmos nossas

Comece seu vanaprastha

ideias sobre nós mesmos pode evitar que fiquemos presos em padrões que não são verdadeiros para o nosso "eu" em mutação. E o que apresentei aqui mostra que, quando se trata de fé, muitas pessoas mudam conforme a idade avança. Permitir que essa mudança aconteça e desenvolver nossa vida interior nos ajuda a chegar à segunda curva.

O que costuma frear as pessoas, como no caso de Nicodemos, é que, depois de uma vida toda se segurando sozinho, parece um tipo de fraqueza se apoiar na espiritualidade. E se tem uma coisa que os obstinados odeiam é fraqueza. Como mostrei neste capítulo, porém, desejar profundidade espiritual não é fraqueza, é uma nova fonte de força — a força necessária para dar o salto para a curva da inteligência cristalizada.

Anseios espirituais não são o único caso de forças que parecem fraquezas. Nossa vida está cheia disso, e essa é a próxima lição que precisamos aprender para chegar à segunda curva.

CAPÍTULO 8

Transforme sua fraqueza em força

Quem é o empreendedor mais bem-sucedido da história? Henry Ford? Steve Jobs, talvez?

Eu apostaria, sem a menor dúvida, em Saulo de Tarso — mais tarde conhecido como São Paulo, para os cristãos. Mesmo se você não for cristão, me escute: ele se converteu aos ensinamentos de Cristo no século I, organizou a obra de um pregador messiânico itinerante em um corpo de teologia coerente e a espalhou pelo mundo antigo. Sem dúvida, Paulo é o inventor do cristianismo como uma religião organizada, que cresce há 2 mil anos e hoje conta com mais de dois bilhões de adeptos.

Suponho que a marca de um bilhão de usuários de iPhone atualmente não seja ruim. Mas vamos esperar e conferir seu sucesso no ano 4000.

Então, qual foi o segredo empresarial de Paulo? Aqui está, nas próprias palavras dele, em uma carta para a startup de Igreja Católica, em Corinto, por volta de 55 d.C.:

Transforme sua fraqueza em força 185

Para impedir que eu me exaltasse por causa da grandeza dessas revelações, foi-me dado um espinho na carne, um mensageiro de Satanás, para me atormentar. Três vezes roguei ao Senhor que o tirasse de mim. Mas ele me disse: "Minha graça é suficiente para você, pois o meu poder se aperfeiçoa na fraqueza." Portanto, eu me gloriarei ainda mais alegremente em minhas fraquezas, para que o poder de Cristo repouse em mim. Por isso, por amor de Cristo, regozijo-me nas fraquezas, nos insultos, nas necessidades, nas perseguições, nas angústias. Pois quando sou fraco é que sou forte.[1]

Já faz muito tempo que os estudiosos especulam o que de fato Paulo quis dizer com "espinho". Alguns consideram se tratar de uma cegueira temporária, como a que ele teve quando foi derrubado na estrada para Damasco. Será que essa cegueira voltava de tempos em tempos? Em contrapartida, muitos teólogos estão convencidos de que o tormento de Paulo era um estigma, um fenômeno místico no qual uma pessoa se identifica tanto com o sofrimento de Jesus que desenvolve as chagas da crucificação nas mãos e nos pés.[2] Outra teoria é de que Paulo se referia à constância com que era perseguido pelas autoridades judaicas e romanas. Por fim, alguns consideram que ele poderia estar se referindo às tentações do pecado.

Em uma análise mais moderna publicada na revista *Journal of Neurology*, o neurologista David Landsborough criou a hipótese de que era bem provável que o tormento de Paulo fosse uma epilepsia de lobo temporal, o que explicaria as experiências pessoais de êxtase, como ser "arrebatado ao paraíso", mencionadas por ele em suas cartas, e as visões.[3] Isso também explicaria a luz que Paulo viu na estrada para Damasco, seguida de uma cegueira temporária. Essa condição teria progredido durante a sua vida para convulsões mais generalizadas, argumenta Landsborough, e com toda a certeza poderia ser vista como um espinho na carne enviado por Satanás.

Considerando a forma como Paulo escrevia, devemos pressupor que a maioria de seus seguidores nas primeiras igrejas cristãs conhecia muito bem a natureza de sua aflição; ele deve ter falado sobre isso abertamente e achado desnecessário fazer descrições mais detalhadas em seus escritos. A verdadeira questão é por que ele lembrava seus seguidores dessa fraqueza. Era para estimular a pena ou a culpa entre eles? Certamente não. O evidente propósito era mostrar que ele — o grande Paulo, visionário e apóstolo de Cristo — tinha defeitos, era mortal e fraco.

Paulo, entretanto, vai além: diz que isso é sua fonte de força! Isso de um homem cuja força de vontade e dons de oratória — pontos fortes tradicionais em líderes — fizeram milhares se converterem em uma religião totalmente nova e criaram sua base teológica. Ainda assim, ele afirmava que sua verdadeira força estava em seu tormento e — se Landsborough estiver certo — em sua deterioração física.

Em uma primeira análise, isso parece uma lição de liderança digna de *Alice através do espelho*, onde tudo é às avessas. Para a maioria de nós, parece tanto impossível quanto insano fazer propaganda do nosso declínio para aqueles que precisamos impressionar. "Ei, pessoal, estou doente, sofrendo e piorando! Querem entrar na minha religião?" É um marketing bem ruim. E exibir a fonte do nosso declínio sempre parece ruim também, e é por isso que as pessoas gastam muito tempo e dinheiro tentando recuperar o que o tempo arruinou. Há uma boa razão por que o botox, os implantes de cabelo e os aparelhos auditivos transparentes são um bom negócio.

Na vida dos obstinados, ninguém sai por aí ostentando que não tem mais boas ideias ou que não tem mais a energia de antes. O fato de a fraqueza e a perda serem coisas ruins pode ser a razão por que você escolheu ler este livro.

Declínio é perda; perda é ruim. Remende ou esconda, mas com certeza não fale sobre isso! Certo?

Errado. Paulo estava correto. O segredo de se tornar cada vez mais forte é reconhecer que a sua fraqueza — sua perda, seu declínio — pode ser um presente para você e para os outros.

Conexão humana por meio da fraqueza

Muitos anos atrás, eu tinha um amigo psicólogo clínico, e seu consultório estava bombando na Nova Inglaterra. Aos 45 anos, ele era um dos melhores do ramo e adorava o que fazia. Mas havia um problema: depois de sofrer a vida toda com diabetes tipo 1, ele começava a perder a visão — uma aflição não tão rara em diabéticos conforme envelhecem. Sua reação inicial foi a de total negação, e ele insistiu em continuar a vida como sempre, incluindo continuar dirigindo. Meu amigo só encarou sua cegueira iminente — o que evitou uma tragédia em potencial — quando seus vizinhos reclamaram que ele estava passando por cima de suas caixas de correio.

Ele lutou por alguns anos, furioso com Deus por ter recebido um destino tão cruel. Mas então, certo dia, recebeu uma ligação de uma mulher que disse estar com a saúde mental em crise e que precisava de tratamento, mas que havia um motivo para não querer divulgar sua identidade. Ela era famosa e preferia manter o anonimato até mesmo com seu terapeuta. Precisava — e encontrou — de um psicólogo cego. Ele ajudou a mulher e construiu um nicho para pessoas famosas que desejavam tratamento similar.

O que meu amigo precisou fazer foi se despir de seu orgulho e se tornar vulnerável em sua fraqueza. Só então conseguiu prosperar em um novo caminho. É o que Brené Brown aborda em seu livro best-seller *A coragem de ser imperfeito: Como aceitar a própria vulnerabilidade e ousar ser quem você é.* Ela defende que devemos mostrar nosso lado mais frágil para as outras pessoas se quisermos ser felizes e bem-sucedidos, e argumenta que criar muros à nossa volta só nos machuca. Outra forma de entender o ponto de vista de Brown é que, como todos sabemos, ficar na defensiva é uma péssima qualidade e nunca nos beneficia. O objetivo desejado é ficar *indefeso*.

Na verdade, eu quero ir um pouco além. É realmente importante assumir riscos e estar disposto a fracassar — a ser imperfeito, como Brown gosta de colocar. Mas o verdadeiro mestre usa seus fracassos inevitáveis — incluindo o declínio que inevitavelmente segue uma vida de sucesso — como uma fonte de profunda conexão humana.

Eu mesmo aprendi isso por acaso. Já contei que meu histórico universitário não é ortodoxo, que consegui meu diploma no ensino a distância com quase 30 anos. Eu não falava sobre isso quando era acadêmico porque todos os meus colegas tinham frequentado universidades famosas, e eu, bem, ficava constrangido.

Depois de uma década, larguei a docência universitária para me tornar presidente de uma *think tank* em Washington, D.C. — um passo importante na minha carreira direto para uma alta posição que, em alguns momentos, esteve no centro de controvérsias políticas. Minha credibilidade afetava o sucesso de toda a minha instituição, então eu era extremamente cismado com o meu passado, incluindo minha educação universitária não tradicional. Em um mundo onde parecia que todos tinham ido para Harvard ou Princeton, eu temia que alguém pegasse meu currículo e dissesse: "Ei, pessoal, olhem esse picareta!"

Acabei descobrindo que não precisava ter me preocupado. Poucos anos após a minha chegada na *think tank*, Bill Gates, fundador da Microsoft, junto de alguns outros filantropos, começou um esforço para criar um curso de bacharelado que custasse 10 mil dólares — o chamado "10k BA". A ideia foi criticada por todo o pessoal da área de educação, porque isso não poderia ser bom, certo? Fiquei tão furioso com essa postura elitista que finalmente assumi meu passado e escrevi para o *New York Times* sobre minha experiência de ter feito uma faculdade de 10 mil dólares — sobre como a minha educação foi boa e como me deu a oportunidade de construir a minha vida e a minha carreira.

Eu me preparei para um ataque de zombaria — talvez até de críticas que ameaçariam a minha posição. Mas não foi o que aconteceu. Em vez disso, recebi centenas de cartas e e-mails de pessoas que seguiram um caminho não tradicional como o meu para construir a própria vida. Elas me disseram que era empoderador ver uma pessoa como eu compartilhando uma história não de um garoto de ouro cheio de oportunidades da elite, e sim de alguém que não foi bem-vindo nas escolas tradicionais. Pude conhecer muitas dessas pessoas e escrever sobre elas e suas experiências. Eu me tornei um defensor da educação não tradicional e um exemplo para os empreendedores que buscavam isso.

Eis o que aprendi com essa experiência: foi por meio da minha fraqueza, e não da minha força, que consegui me conectar com pessoas que eu nunca teria conhecido de outra forma. Eram obstinadas, forasteiras, negligenciadas nos círculos tradicionais, e eram a *minha gente*! Eu nunca teria me conectado com elas se não tivesse compartilhado a minha história, com direito a todas as suas reviravoltas.

A lição aqui é: se você quer estabelecer conexões humanas profundas com alguém, suas forças e seus sucessos mundanos não vão ajudar. Você precisa das suas fraquezas para isso. Se eu tivesse ido para uma faculdade de elite, poderia impressionar as pessoas, mas não estabeleceria uma conexão com a maioria delas. "Elite" significa que poucos têm determinada distinção, que é algo difícil de conseguir. As credenciais da elite não tornam você relacionável. São uma barreira para uma conexão humana profunda.

Vamos voltar um pouco para São Paulo a fim de ilustrar isso. Da nossa perspectiva atual, é bem fácil vê-lo como um vencedor na história. Dessa forma, é quase impossível imaginá-lo como um homem em declínio. Mesmo assim, é quase certo que era desse jeito que ele se via. Mais para o fim da vida, Paulo escreveu cartas de sua cela na prisão para igrejas que pareciam estar se fragmentando. Ele se sentia abandonado pelos amigos. "Pois Demas, amando este mundo, abandonou-me e foi para Tessalônica. Crescente foi para a Galácia, e Tito, para a Dalmácia", escreveu ele para seu discípulo Timóteo. "Alexandre, o ferreiro, causou-me muitos males (...) Na minha primeira defesa, ninguém apareceu para me apoiar; todos me abandonaram."[4] Sua única esperança só apareceu depois: "O Senhor me livrará de toda obra maligna e me levará a salvo para o seu Reino celestial."

Apesar de sua fé, Paulo devia encarar seu trabalho mundano como um fracasso, fadado a ser esquecido. O que vemos hoje em dia — pelo menos dois bilhões de cristãos — teria sido inimaginável para ele.

Independentemente das suas crenças religiosas, há duas lições óbvias aqui: a primeira — como tenho enfatizado repetidas vezes — é que não importa quem você é: se viver bastante, *vai* testemunhar o declínio da sua inteligência fluida; a segunda é que você nunca sabe o tipo de impacto que seu trabalho terá. Não tem como afirmar.

Há uma lição ainda mais importante do que essas: é a própria tristeza de Paulo a respeito dos acontecimentos mundanos — enquanto ainda mantinha sua fé — que já atrai as pessoas há milênios. Comecei este capítulo destacando que ele se conectava com as pessoas por meio de sua fraqueza, o espinho na carne. Mas foram suas palavras de tristeza e sofrimento no fim da vida que magnetizaram a fé cristã por séculos como uma autêntica e única experiência humana — uma fé que compreende a dor da vida comum e a reação humana a ela.

Essa não era a regra na época de Paulo. Seus contemporâneos filósofos admiravam e seguiam o estoicismo, que buscava eliminar as expressões emocionais do sofrimento da comunicação deles.[5] Os estoicos ensinavam que uma pessoa sábia é forte e disciplinada o suficiente para compreender que a raiva e a tristeza são destrutivas e não têm sentido. O sofrimento deve ser suportado, bem, *de forma estoica*. Por outro lado, Paulo escreveu para a igreja coríntia "com grande aflição e angústia de coração, e com muitas lágrimas".[6] Paulo era basicamente um antiestoico.

Então, pergunte a si mesmo: que tipo de pessoa *eu* quero ser? Aquela que passa pelo declínio com aparente indiferença enquanto sofre sozinha? Ou aquela que, como Paulo, reconhece a perda abertamente, mas mantém a fé, acredita no poder do amor e continua a servir os outros?

Seu declínio, por mais doloroso que seja, deve ser vivido — e compartilhado.

Os benefícios da fraqueza, da dor e da perda

Embora deixar-nos vulneráveis vá contra todos os nossos instintos, as evidências de que isso aumenta o sucesso na vida são incontestáveis. Por exemplo, estudos demonstram que, quando uma enfermeira se mostra vulnerável com os pacientes e compartilha sobre sua vida, ela fica mais comprometida com o trabalho, e os pacientes, mais corajosos e dedicados ao próprio tratamento, obtendo, assim, melhores resultados.[7] Líderes corporativos são mais felizes — e vistos como mais eficientes pelos seus subordinados — quando se mostram vulneráveis e humanos.[8] Por outro lado, pessoas que ficam na defensiva ou são indiferentes inspiram menos confiança em seus subordinados, são mais infelizes e, por consequência, menos eficientes.[9]

A vulnerabilidade pode se tratar de pequenas coisas ou de experiências pessoais intensamente dolorosas. Em 2019, por exemplo, o comediante Stephen Colbert despertou muita admiração pública quando, em uma entrevista para a CNN, Anderson Cooper lhe perguntou sobre o acidente de avião que matara seu pai e dois de seus irmãos quando ele tinha apenas 10 anos. Cooper escutara Colbert afirmar em um momento anterior que tinha aprendido a "amar a coisa que ele mais desejava que não tivesse acontecido". O entrevistador pediu a

Colbert que explicasse essa declaração fora do comum. "É um presente existir, e com a existência vem o sofrimento", respondeu Colbert. "Eu não queria que tivesse acontecido... mas se somos gratos pela nossa vida... então temos que ser gratos por tudo. Não podemos escolher pelo que somos gratos."[10]

Além de simplesmente demonstrar uma vulnerabilidade incrível, Colbert diz que encontrou força em sua tragédia. O psiquiatra Victor Frankl falou quase a mesma coisa em seu famoso livro *Em busca de sentido*, que conta nos mínimos detalhes o período em que ficou preso pelos nazistas no campo de concentração de Auschwitz.[11] "Quando um homem descobre que seu destino é sofrer, terá que aceitar esse sofrimento como uma tarefa; sua única e exclusiva tarefa. Ele terá que reconhecer o fato de que, mesmo no sofrimento, ele é único e sozinho no universo. Ninguém pode poupá-lo de seu sofrimento nem sofrer por ele. Sua única oportunidade se encontra na forma como ele carrega seu fardo." Frankl acreditava que as pessoas podiam encontrar o significado de suas respectivas vidas — e um crescimento pessoal — em todos os tipos de sofrimento.

As ideias de Colbert e Frankl estão em desacordo com a forma como costumamos encarar o sofrimento e as fraquezas hoje em dia: como algo a ser evitado e, óbvio, escondido. São coisas pessoais, constrangedoras ou dolorosas demais para contar. Além disso, temos a tendência de supor que acontecimentos traumáticos, de acidentes a doenças e todos os tipos de perdas pessoais, só podem causar dor e problemas, ainda mais se falarmos sobre eles com outras pessoas. Entretanto, não costuma ser o caso. O segredo, como Colbert e Frankl sugerem, é encontrar significado no sofrimento e compartilhá-lo.

Já testemunhei essa incrível transformação e aposto que você também. Um querido amigo meu recebeu a notícia, após um diagnóstico de câncer em estágio avançado, de que seu tempo restante de vida não chegaria a um ano. Ele era um cara ansioso por natureza, sempre estressado com os detalhes do dia a dia, e, lógico, esse prognóstico talvez o afundasse ainda mais em seu pânico natural. Mas aconteceu exatamente o contrário: ele percebeu que vinha perdendo sua vida verdadeira e decidiu que, como seu tempo era limitado, não iria mais desperdiçá-lo. Prometeu que se lembraria de que cada dia poderia ser seu último, que viveria o que lhe restava da forma como ele era de verdade, concentrando-se no que realmente amava, e que compartilharia sua verdade com os outros.

Por algum milagre, meu amigo sobreviveu um ano, depois outro e, então, mais duas décadas. O médico dele disse que o câncer acabaria voltando em algum momento — o lobo está sempre à espreita nesses casos —, o que, de forma paradoxal, talvez o tenha impedido de voltar ao modo antigo de pensar. Ele ficou feliz e agradecido por ter acordado do seu torpor décadas antes e continuou a viver como se desfrutasse de seus últimos meses. Quando ele morreu, no ano passado — o lobo finalmente atacou —, estava cercado pela família que tanto amava e em paz. As décadas que ele "ganhou de presente" foram uma bênção para todos nós.

Isso vai contra o cânone bem estabelecido, cujas raízes emaranhadas estão na psicologia freudiana. Sigmund Freud acreditava que o trauma causado por sofrimento e perda sempre era prejudicial para uma pessoa e que, para conseguir chegar a um alívio, era necessário ir além dos efeitos maléficos, em geral escondidos, daquele trauma.[12] É óbvio que existem muitos casos de traumas nocivos, incluindo aqueles de pessoas que sofreram abuso e estresse pós-traumático. Mas essa não é a regra.[13] Novas pesquisas mostram nitidamente que a maioria das pessoas é resiliente — além disso, elas crescem a partir de perdas e acontecimentos negativos.[14]

Emoções negativas nos deixam mais eficientes nas nossas atividades do dia a dia. Em um influente artigo de 2009 na revista *Psychological Review*, os psicólogos evolucionistas Paul W. Andrews e J. Anderson Thomson argumentam que a tristeza persiste a despeito da evolução porque ela traz benefícios cognitivos.[15] Há provas de que ela nos torna capazes de avaliar melhor a realidade em situações sociais, porque é menos provável que tentemos nos enganar ou encobrir as verdades negativas. A tristeza pode até fazer de nós mais produtivos no trabalho ao melhorar o foco e nos ajudar a aprender com os erros.[16] É assim que o fracasso, por meio das emoções negativas resultantes, pode ajudar a levar ao sucesso mais tarde.

Psicólogos descobriram que muitas das experiências de vida mais significativas são um tanto dolorosas.[17] Em um estudo de 2018, por exemplo, dois psicólogos da Western Illinois University pediram que um grande grupo de alunos universitários relatasse emoções positivas e negativas — assim como seu significado — que eles associavam à educação e aos seus relacionamentos.[18] Os alunos relataram que essas associações deram a eles um sentido tremendo, mas que o custo era alto. Como os pesquisadores resumiram suas descobertas: "Significância envolve emoção negativa e preocupação com a perda."

Finalmente, a exposição a emoções negativas nos torna mais fortes para uma verdadeira crise. Pesquisas mostram que o "treinamento de inoculação de estresse" — no qual as pessoas aprendem a lidar com a raiva, o medo e a ansiedade ao serem expostas a estímulos que causam esses sentimentos — é eficiente para criar resiliência emocional.[19] É fácil imaginar que tentativas de eliminar o sofrimento e os fracassos da vida cotidiana possam levar a um tipo de alergia emocional — que, quando tempos difíceis chegarem e alguém sentir tristeza ou medo impossíveis de ignorar, essa pessoa não terá as ferramentas necessárias para encarar esses sentimentos.

Alcançando a grandeza com a fraqueza

"Ele está pronto para acabar com a própria vida, apenas a retitude moral o impede."[20] Isso foi escrito por um amigo íntimo do grande compositor Ludwig van Beethoven, cuja vida se transformou na jornada do herói que deu errado.

Beethoven recebeu o nome do seu avô, que viveu entre 1712 e 1773 e era considerado um músico notável na cidade de Bonn. Seu neto demonstrou ter os mesmos talentos prodigiosos desde bem cedo: ainda jovem, trabalhando em Viena, Beethoven era visto como o herdeiro artístico do recém-falecido Wolfgang Amadeus Mozart. Ele estudou com o mundialmente famoso Joseph Haydn e com os mestres da música Antonio Salieri e Johann Albrechtsberger.

Era válido acreditar que Beethoven seria o maior compositor de sua época, assim como um dos melhores pianistas. Ambicioso e esforçado, ele já era famoso antes dos 30 anos.

Entretanto, ele vinha sendo importunado por um zumbido nos ouvidos havia alguns anos. "Faz três anos que a minha audição está cada dia mais fraca", escreveu Beethoven para seu médico em 1801, aos 30 anos. "No teatro, preciso chegar

Transforme sua fraqueza em força 197

bem perto da orquestra para compreender os músicos, e [...] a uma certa distância, não escuto as notas altas dos instrumentos nem as vozes dos cantores." Ele tinha esperança de que seu problema auditivo pudesse ser remediado. Mas essa esperança foi se apagando com o passar dos anos, conforme ficou evidente para ele e para aqueles à sua volta que não havia chance de remissão. Beethoven estava ficando surdo.

Que destino podia ser mais cruel do que esse? Um pianista e compositor é capaz de trabalhar sem enxergar ou sem usar as pernas. Mas surdo? Sem condições. A carreira com maior potencial performático e composicional de uma geração desaparecia diante dos olhos (e ainda no auge da sua inteligência fluida). É como quando Davi partiu para a batalha com Golias e morreu no primeiro minuto.

Então, Beethoven resistiu, furioso. Por um logo período em que mal conseguia escutar, insistiu em se apresentar, com resultados cada vez piores. Ele apertava as teclas com tanta força que destruía pianos. "Em algumas situações, o pobre homem surdo batia nas teclas até as cordas ressoarem", escreveu o amigo dele e também compositor Ludwig Spohr. "Eu fiquei muito triste ao ver um destino tão cruel."[21]

Soa meio familiar, não é? Você já viu alguém resistir ao declínio — relutante em encarar o fato de que suas habilidades estão decaindo? Já viu algum equivalente dessa pessoa destruindo pianos e causando pena naqueles que escutavam?

Esse parece um triste fim para Beethoven. Mas não é o fim da história. Ele enfim desistiu de se apresentar à medida que sua surdez progredia, mas encontrou formas geniais de continuar a compor. Ele estimava o timbre das notas no piano, colocando um lápis na boca e encostando na superfície do instrumento enquanto tocava. Quando sua audição ainda era parcial, evitava usar notas fora das frequências que sua audição era capaz de captar. Em 2011, três cientistas da Holanda publicaram uma análise na revista *British Medical Journal* na qual descobriram que as notas altas (acima de 1568 Hz) representavam 80% dos quartetos de cordas escritos por Beethoven aos 20 anos, mas que elas sofreram uma redução para 20% quando ele estava com mais de 40.[22]

Na última década de vida (Beethoven morreu aos 56 anos), ele estava completamente surdo, então suas composições residiam apenas em sua imaginação. Isso significou o fim de sua carreira, certo? Errado. Nesse período, Beethoven fez as composições que definiriam seu estilo único, mudariam a música de maneira permanente e lhe dariam o legado como um dos maiores compositores de todos os tempos.

Totalmente surdo, Beethoven compôs seu melhor quarteto de cordas (com mais notas altas do que as obras da década anterior), sua magnífica *Missa Solemnis*, e seu maior triunfo de todos, a *Nona Sinfonia*. Ele insistiu em reger essa última obra em sua estreia em Viena (embora houvesse um segundo regente atrás de Beethoven, a quem a orquestra estava de fato seguindo). Após a apresentação, incapaz de perceber que sua obra-prima estava sendo ovacionada de pé, Beethoven precisou ser virado por um dos músicos para ver que a plateia aplaudia a que talvez seja a maior obra orquestral já composta. Com a consciência de que Beethoven era surdo, eles jogaram chapéus e lenços no ar para garantir que ele conseguisse ver o entusiasmo deles.

Parece contraintuitivo, para dizer o mínimo, que Beethoven tenha se tornado um compositor ainda mais original e brilhante na proporção inversa da sua habilidade de escutar as músicas compostas por ele mesmo — e pelos outros. Mas talvez isso não seja tão surpreendente. À medida que sua audição deteriorava, Beethoven se influenciava menos pelas tendências musicais predominantes e mais pela música que se formava dentro da própria cabeça. Seu trabalho inicial é uma agradável reminiscência da música de seu instrutor Joseph Haydn. Suas obras posteriores são tão originais que ele foi, e ainda é, considerado o pai da música do período romântico. "Ele abriu um mundo novo na música", disse o mestre romântico francês Hector Berlioz, que idolatrava o compositor surdo. "Beethoven não é humano."[23]

Seria ingênuo pensar que Beethoven apreciava a liberdade artística que a surdez lhe garantia. Imagino que tenha ido para o túmulo lamentando a perda da audição, porque isso lhe custou sua amada carreira como pianista. Ele não sabia quanto seu novo estilo radical de compor — que apenas os outros escutavam — o definiria como realmente formidável por centenas de anos após sua morte. Talvez, porém, ele tivesse uma pista. É significativo que sua *Nona Sinfonia* termine de maneira triunfal, com o coral cantando versos do poema de Friedrich Schiller, "Ode à alegria":

Ó, Alegria, sois Divina
filha de Elísio
tornais ébria a Poesia
inspirais Dionísio.

Você enfim pode relaxar

Ver a fraqueza como apenas negativa é um erro. Todos nós temos fraquezas, em muitos aspectos. Elas com certeza geram desconfortos e implicam perdas. Mas também trazem oportunidade: para se conectar de forma mais profunda com os outros, para ver o sagrado no sofrimento, até para encontrar novas áreas de crescimento e sucesso. Pare de escondê-las e não resista a elas.

Ao fazer isso, os obstinados alcançam outro benefício, talvez o mais importante: podem enfim relaxar um pouco. Quando se é honesto e humilde sobre suas fraquezas, se sentirá mais à vontade na própria pele. Quando você usa suas fraquezas para se conectar com os outros, o amor crescerá na sua vida. E, *finalmente*, você conseguirá relaxar sem se preocupar com a possibilidade de as pessoas descobrirem que você é menos do que elas achavam. Compartilhar a sua fraqueza sem se importar com o que os outros vão pensar é uma espécie de superpoder.

Minha recomendação aqui pode ser difícil para alguns leitores. Eu sei que, durante toda a vida, você aprendeu a fazer exatamente o contrário: mostrar a sua força! Compartilhar fraquezas é difícil porque é o ato final de subversão contra o seu eu especial e objetificado. Você não vai ser derrotado sem lutar!

Se você está relutante em abraçar a sua fraqueza, comece por imaginar a paz que vai sentir no coração quando não precisar mais fingir que *não* é fraco. Visualize os outros atraídos por você como alguém autêntico, indefeso e destemido. Veja como as pessoas ficam mais relaxadas à sua volta e confiam em você. Veja como estão mais felizes em estar perto de uma pessoa consideravelmente realizada que não tem medo de dizer: "Antes eu era melhor nisso do que sou agora." Imagine pessoas que são mais felizes e destemidas por sua causa. Sinta seu corpo e sua mente relaxarem porque você está sendo quem é, sem esconder nada, sem se importar com os resultados.

Pense em você relaxado com a sua humildade, sendo quem é — e, assim, pronto para saltar para a segunda curva.

Mas você ainda precisa saltar. E, como me lembram o tempo todo, isso significa deixar para trás definitivamente o que é conhecido e confortável e seguir em uma nova direção na vida. Isso significa uma grande transição, e, como todos sabemos, transições podem ser difíceis. Então, agora devemos nos concentrar nisto: dar o salto.

CAPÍTULO 9

✺

Lance a linha na maré baixa

QUANDO CRIANÇA, EU ERA louco por pescaria. Ninguém na minha família pescava e meu interesse surgiu por conta própria. Com o dinheiro que eu ganhava entregando jornal, comprava vara, carretel, roldana e livros sobre pescaria. Como cresci em Seattle, pescava na enseada de Puget Sound e, nos verões, em meio às rochas do oceano em um lugar chamado Lincoln City, na costa escarpada do Oregon.

Pescar no oceano é divertido, mas muito diferente de pescar em um lago — não basta jogar a linha e esperar pegar alguma coisa. Aprendi isso na primeira vez em que tentei, lá pelos 11 anos. Por duas horas, fiquei jogando a linha na água, sem pegar nada. Depois de um tempo, um pescador experiente da área se aproximou e me perguntou como estava indo.

— Fraco — respondi. — Não consegui pegar nada.

— É porque você está fazendo errado — explicou ele. — Você tem que esperar a *maré baixar*, quando ela está se afastando rápido.

Parece contraintuitivo, ele me disse, porque você vê a água se afastando e supõe que os peixes vão junto. Entretanto, é quando o plâncton e a isca de peixe ficam agitados que o peixe de caça fica alucinado e com vontade de morder o que vê pela frente.[1]

Juntos, assistimos e esperamos uns 45 minutos, até que a maré começou a se afastar com velocidade. Nesse ponto, o velho pescador disse:

— Vamos pescar!

Lançamos a linha e, como era esperado, em segundos, peixes começaram a pular, um atrás do outro. Fizemos isso por uma meia hora — como foi divertido!

Quando acabou, em seu momento de descanso nas pedras, o pescador acendeu um cigarro e começou a filosofar.

— Garoto, só há um erro que se pode cometer na maré baixa — disse ele.

— Qual é? — perguntei.

— Não estar com a sua linha na água.

Eu me lembrei desse dia muitas vezes enquanto escrevia este livro. A vida tem a sua maré baixa, a transição da inteligência fluida para a cristalizada. É um período extremamente produtivo e fértil. É quando você salta de uma curva para outra; quando encara seu vício pelo sucesso; quando corta os excessos, aquilo que não é essencial, da sua vida; quando reflete sobre a própria morte; quando constrói seus relacionamentos; quando começa seu *vanaprastha*.

Infelizmente, a maré baixa da sua vida também tem uma capacidade incrível de ser assustadora e difícil — pode até parecer como um tipo de crise de meia-idade. Pode parecer que tudo pelo que você trabalhou está indo embora. Pode ser mais fácil encarar isso como uma tragédia do que como uma oportunidade.

Nesta última lição, você vai aprender como lançar a sua linha na maré baixa — para começar a sua transição — com energia e confiança. Na verdade, a maior transição da sua vida não precisa ser um período de crise ou de perda, mas, em vez disso, uma aventura empolgante, cheia de oportunidades que você nem sabia que existiam.

Liminaridade

Não há nada novo em transições de meia-idade difíceis e assustadoras. Em *A divina comédia*, escrita no século XIV, Dante Alighieri resumiu com perfeição um medo que muitos de nós temos:

> *No meio da jornada que é a nossa vida*
> *Eu me vejo em uma floresta escura*
> *Já que perdi o caminho mais simples.*[2]

Os psicólogos têm uma palavra especial para transições de vida desconfortáveis: "liminaridade".[3] Significa o tempo entre os papéis do trabalho, as organizações, os caminhos da carreira e os estágios dos relacionamentos.

Em 2020, o autor Bruce Feiler escreveu um livro popular sobre a liminaridade chamado *Life Is in the Transitions: Mastering Change at Any Age* [A vida está nas transições: Dominando a mudança em qualquer idade, em tradução livre].[4] Ele me contou que se interessou pelo assunto depois de ser diagnosticado com um câncer cujo tratamento o deixou debilitado e diante da possibilidade real de morte aos 40 anos, com crianças pequenas em casa.[5] Foi um período de abalo sísmico que ele chamou de "vidamoto" e que mudou sua perspectiva sobre quase tudo, além de ter melhorado a forma como compreendia e apreciava a vida e o trabalho. No livro, ele entrevista centenas de pessoas sobre suas transições e descobre que uma mudança significativa acontece, em média, a cada dezoito meses, e que "vidamotos" como o dele — ou como os que envolvem mudanças voluntárias ou involuntárias de carreira — ocorrem com regularidade. A maioria é involuntária — e, por isso, indesejada na época —, mas nada é mais previsível do que a mudança.

A maioria das tradições filosóficas ensina isso há muito tempo. O filósofo estoico Marco Aurélio disse que "o universo é transformação, vida é opinião".[6] Buda falava com frequência sobre a impermanência (em sânscrito, *anitya*) de tudo. "As coisas condicionadas são de fato impermanentes, sua natureza sendo de surgir e desaparecer", ensinou ele. Buda encarava como uma grande ironia que a característica central do universo — a mudança — é a coisa que mais nos incomoda. Ele ensinou que, para ficarmos em paz, precisamos aceitar a impermanência da vida e da existência.

Existem diversas meditações sobre a impermanência, e quase todas assumem a mesma forma básica de com calma perceber e aceitar a mudança que nos cerca o tempo todo. Por exemplo, sem nenhum julgamento, perceba as mudanças constantes nos seus pensamentos e percepções conforme sua mente vaga de um tópico para outro. Sinta sua respiração e, talvez, seu pulso e visualize as mudanças que não pode sentir, como as células se dividindo e morrendo, o crescimento do cabelo e das unhas. Considere as mudanças que estão ocorrendo no mundo que você não consegue ver, mas que sabe que estão acontecendo: pessoas realizando coisas, nascendo e morrendo; a Terra se movendo ao redor do sol, e a lua ao redor da Terra. Impermanência é simplesmente o estado da natureza.

Por mais estranho que possa parecer, até mesmo as lentas transições coletivas que mudaram a vida durante a pandemia do coronavírus são normais e regulares, e acontecem, mais ou menos, uma vez a cada década. Se você tem a minha idade, se lembra do colapso da União Soviética, que mudou de forma radical a geopolítica mundial. Uma década depois, vivemos os ataques terroristas do 11 de Setembro, que mudaram muito a forma como vemos o mundo. Alguns anos depois, houve a crise financeira e a recessão que mudou nossa economia e nosso sistema financeiro. Uma década depois, veio a Covid-19. Na próxima década, quase com certeza vai haver algum acontecimento indesejado cataclísmico — só não sabemos ainda o que vai ser (e ele certamente vai nos pegar de surpresa, porque ainda estaremos pensando na pandemia e na crise financeira).

Por mais difíceis que sejam essas mudanças, as transições na nossa vida particular são mais duras. A liminaridade entre as fases da vida adulta é especialmente desconfortável porque deixamos de nos conhecer. Como um estudioso da área de administração diz: "Funcionários que não atravessam bem esse período enfrentam uma instabilidade de identidade constante; são consumidos cognitiva e emocionalmente pela perda, e ficam estagnados em sua incapacidade de se livrar do velho eu e/ou acolher o seu eu novo e modificado."[7]

Um professor universitário em transição de carreira descreve a liminaridade assim:

> Há quase três anos, venho vivendo por meio das histórias que conto sobre estar e não estar lá [...] Histórias que sempre me deixam com essa sensação de incompletude [...] Eu tento

erradicar essa distância entre os dois lugares, tento ficar imóvel [...] Ficando imóvel, tento encontrar meu centro, eu, o descentrado, e me vejo me equilibrando com um pé em um barco e o outro pé em outro barco.[8]

Aposto que isso também soa familiar para muitos leitores. Para mim também. Depois de uma década como presidente de uma *think tank*, por trás do gerenciamento de uma grande força de trabalho acadêmico no turbilhão das batalhas políticas de Washington, D.C., tomei a decisão de me afastar por vontade própria no verão de 2019 — um passo muito raro na minha área de atuação. Eu me afastei das pessoas e do trabalho que conhecia e amava e da empolgação de estar perto da ação dos políticos e do processo de se fazer política. Por quê? Porque eu fiz a pesquisa para este livro e me comprometi a seguir as implicações. (Como posso dar um conselho que *eu* mesmo não sigo?)

Isso tudo foi por livre e espontânea vontade, mas não foi confortável. Durante dois anos — complicados por causa da pandemia, lógico —, eu e minha esposa ficamos desorientados e sozinhos. Às vezes, eu acordava de manhã e me preparava mentalmente para um dia na *think tank* até me lembrar de que aquilo era passado e eu estava em Massachusetts, não em Maryland. De modo estranho, percebi que minha assinatura parecia ter mudado, como se eu estivesse tentando personificar outra pessoa.

A liminaridade é desconfortável, já que todas as transições são difíceis. Mas há uma boa notícia: mesmo as transições indesejadas tendem a ser encaradas, em retrospecto, de forma diferente do que no momento em que acontecem. De fato, Feiler descobriu que, em 90% do tempo, as pessoas acabam por relatar que sua transição foi um sucesso, na medida em que conseguiram chegar inteiras ao outro lado, sem nenhum revés permanente.

Melhor ainda, pesquisas mostram que, com o tempo, nós tendemos a ver importantes acontecimentos do passado — mesmo os indesejáveis na época — como positivos.[9] Isso se deve, em parte, ao fato de que sentimentos desagradáveis são esquecidos com mais rapidez do que os agradáveis, um fenômeno conhecido como "viés da emoção desbotada". Isso pode soar como um erro cognitivo, mas não é. Quase toda transição — mesmo a mais difícil — gera *algum* fruto positivo, que costumamos ver e valorizar no longo prazo. Por exemplo, um dos meus filhos é militar. O treinamento dele foi absolutamente brutal e, um dia depois de ter acabado, ele me disse que nunca mais faria uma coisa como aquela por livre e espontânea vontade. Hoje, ele fala sobre a experiência — que lhe deu o título de "fuzileiro naval dos Estados Unidos" — com diversão, prazer e orgulho.

De fato, são as transições difíceis e dolorosas que rendem a maior compreensão do nosso propósito. Uma pesquisa sobre como as pessoas obtêm propósito na vida descobriu que, na verdade, precisamos de períodos de sofrimento e luta que nos deixam infelizes por algum tempo.[10] Para citar um estudo de 2013 que analisou uma amostra aleatória nacional de 397 adultos: "Preocupação, estresse e ansiedade estavam vinculados a propósitos maiores, mas menos felicidade."

Em seu livro *Meanings of Life* [Os sentidos da vida, em tradução livre], o psicólogo Roy Baumeister argumenta que, quando se encontra um propósito, a vida parece mais estável. Talvez, paradoxalmente, sofrer durante as transições possa revelar o propósito na vida que impõe um senso de estabilidade nas transições subsequentes.[11] Esse é um dos maiores alívios de envelhecer e testemunhar tantas mudanças.

E ainda, períodos dolorosos podem estimular produtividade expressiva intensa. (Você se lembra da maré baixa? É quando os peixes mordem a isca.) Existe uma ampla literatura acadêmica sobre a alta correlação entre gênio criativo e sofrimento mental, que Sigmund Freud denominou "o problema do artista criativo."[12] Mas você não precisa ser Sylvia Plath nem Vincent van Gogh para testemunhar uma pequena versão disso na sua vida, como eu fiz. A facilidade que tenho em explorar e expressar novas ideias é inversamente proporcional ao meu senso de estabilidade. Entre outras coisas, este livro é fruto da minha transição.

"O homem foi feito para o conflito, não para o descanso", escreveu Ralph Waldo Emerson.[13] "O poder está na ação; o homem não é grandioso em suas metas, e sim em suas transições." Acredito que isso seja verdade, mas é algo fácil de esquecer. Em muitas manhãs, quando acordo, a primeira coisa em que penso é no meu trabalho e nas minhas amizades em Washington. Esfrego os olhos para espantar o sono, me levanto e lanço a minha linha na maré baixa do novo dia.

É necessário ter uma "crise"?

Quando ouvimos falar sobre grandes mudanças na meia-idade, muitas vezes supomos que elas constituem uma crise. E, de fato, a "crise da meia-idade" alcançou uma estatura quase mística, principalmente desde a década de 1970, quando a escritora Gail Sheehy publicou seu mega best-seller *Passagens: Crises previsíveis da vida adulta*, que vendeu 5 milhões de exemplares e povoou a imaginação de toda uma geração. Munida de 115 entrevistas aprofundadas com homens e mulheres, Sheehy argumentou que as pessoas costumam entrar em uma crise de meia-idade em média aos 40 anos, quando questionam a validade de seus planos e suas metas. O que ela descobria sem saber era a ansiedade que as pessoas sentem quando sua inteligência fluida começa a entrar em declínio. Sheehy achou que as pessoas se sentiam ansiosas simplesmente por estarem ficando mais velhas. (Se 40 anos não parece velho para você, lembre-se de que, naquela época, a expectativa média de vida era por volta dos 60, e as pessoas tinham filhos tão cedo que, aos 40, já era o momento em que os filhos começavam a sair de casa.)

Seu estudo de caso mais famoso foi o de John DeLorean, executivo da General Motors que alcançou o sucesso relativamente cedo e que, em 1969, teve uma grande revelação. Começou quando ele foi visitar o ex-presidente aposentado da GM.[14] Em vez de encontrar um rei da indústria aposentado e contente, ele se deparou com a casca de um homem solitário e triste; com uma vida que parecia sem propósito e relevância. Ele só queria falar sobre os velhos tempos em que administrava a empresa. John viu o próprio futuro no homem e ficou muito abalado. *Por que você está fazendo tudo isso?*, perguntou ele a si mesmo depois. *Você é apenas uma das máquinas. Do nada, vai ficar obsoleto e gasto, e vão jogá-lo fora. Isso faz sentido?*[15] A reação de DeLorean foi se divorciar da mulher com quem estava havia quinze anos e se casar com uma de 20, de quem se divorciou três anos depois para se casar com outra ainda mais jovem. Enquanto isso, ele perdeu 18 quilos, pintou o cabelo, fez uma cirurgia plástica no rosto, começou a escrever um livro sobre guerra nuclear e falou publicamente sobre "metamorfose neorreligiosa".

Apesar de tudo isso, DeLorean foi muito bem retratado no livro de Sheehy. Mas sua história acabou mal na década seguinte. Ele fundou a própria empresa automobilística, à qual deu o próprio nome (DeLorean Motor Company, que hoje é lembrada pelo carro que aparece no filme de sucesso *De volta para o futuro*). Seus carros eram muito malfeitos e lentos, e o levaram à falência. Em um último esforço de conseguir o dinheiro necessário para evitar a ruína de seu império, ele buscou o narcotráfico. Em 1982, aos 57 anos, foi preso ao tentar vender 26 quilos de cocaína para um agente federal. Falido e humilhado, tornou-se uma chacota nacional. ("Como você sabe que um DeLorean passou na sua rua? Quando as faixas brancas sumiram." Ha.) E depois de tudo isso, sua jovem esposa pediu o divórcio. E *você* acha que está tendo uma transição de meia-idade difícil?

Tudo isso alimenta a crença convencional de que as transições de meia-idade são negativas e talvez até fisicamente inevitáveis. Como o *New York Times* explicou em 1971, um homem passando pela crise de meia-idade "nem mesmo sabe que algo está acontecendo dentro do seu corpo, uma mudança física que está afetando as suas emoções".[16] Sheehy, porém, notou que as mulheres também passam pela crise de meia-idade. Ela mesma escreveu que tinha entrado na meia-idade: "Algum intruso invadiu a minha psiquê e gritou: 'Acorda! Metade da sua vida já passou.'" Ela percebeu que isso costuma coincidir com os primeiros sinais da menopausa, o que gera a discussão sobre se a crise é um fenômeno biológico, mesmo nos homens.

Pesquisas posteriores mostraram que, enquanto as transições são reais e inevitáveis, uma *crise* não é. O termo "crise de meia-idade" foi cunhado pelo psiquiatra Elliott Jaques no início da década de 1960.[17] Ironicamente, ele não apreciava a própria teoria; segundo uma entrevista com a viúva de Jaques, a crise de meia-idade foi "um trabalho que ele fez quando era jovem" e algo de que Jaques "não queria falar vinte ou trinta anos depois".[18] Parece que ele não estava convencido de que a crise era onipresente, e pesquisas subsequentes apoiaram seu ceticismo. Em 1995, acadêmicos da Universidade de Wisconsin publicaram o estudo "Midlife in the United States: A National Longitudinal Study of Health and Well-Being" [Meia-idade nos Estados Unidos: Um estudo nacional longitudinal de saúde e bem-estar, em tradução livre]. A conclusão deles? "A maioria das pessoas não tem crise", de acordo com a psicóloga Margie Lachman, uma das líderes do projeto. Ou seja, a maioria das pessoas não tem um episódio emocional negativo, mesmo quando mudam de emprego e de carreira.

A conclusão é que ninguém está fadado a se tornar um John DeLorean por causa de alguma insanidade temporária na meia-idade. Uma coisa que sabemos, porém, é que as pessoas tendem a viver uma grande transição natural na vida no meio da fase adulta. Percebemos o declínio na nossa inteligência fluida e precisamos de uma mudança. Se soubermos que há uma curva da inteligência cristalizada logo atrás e nos redefinirmos, vamos entrar na liminaridade.

Pode ser desconfortável e assustador, mas não significa que você vai ter um colapso. Um desvio importante na sua vida não significa que você vai abandonar seu cônjuge ou comprar um carro esportivo vermelho. Muito pelo contrário, sua redefinição profissional pode aproximá-lo da família e dos amigos e inspirar outras pessoas.

Existem exemplos famosos disso ao longo da história. Em 458 a.C., Lúcio Quíncio Cincinato era o ditador de

Roma quando a cidade estava sob cerco. Ele levou Roma à vitória, permaneceu no poder por tempo suficiente para ver o retorno da estabilidade e, então, de repente, renunciou. Foi morar em sua pequena fazenda, onde trabalhava e vivia de forma humilde com a sua família. Se tivesse permanecido ditador de Roma após sua vitória, provavelmente hoje seria uma nota de rodapé histórica — um homem que foi ditador por alguns anos e que se tornou, aos poucos, ineficiente e impopular, mas que se manteve no poder até ser assassinado. Com certeza não haveria uma cidade em Ohio com seu nome. Ele é lembrado como alguém grandioso porque não teve medo de se afastar.

Tenho mais dois exemplos menos famosos, mas que também me inspiram. Certa vez, meu já falecido pai me contou sobre um mistério de sua infância. O pai dele, que nasceu em Denver em 1893, era ministro metodista e diretor de uma escola na Reserva Indígena Navajo, no Novo México, onde meu pai nasceu. Ele era amado e bem-sucedido no que fazia. Não havia nenhum problema aparente. Mas, certo dia, em 1942, meu avô (com 49 anos) anunciou do nada que eles iriam se mudar. Carregaram o carro e partiram para Chicago.

Ele não perdeu o emprego nem tinha outro esperando por ele. Apenas sentiu um desejo arrebatador de mudar. Isso era raro na época, antes que um emprego fosse visto como um meio de autoexpressão — simplesmente não se largava o ganha-pão. Era ainda mais raro em plena Segunda Guerra Mundial, quando a economia norte-americana estava sob enorme pressão.

Eles chegaram ao subúrbio de Chicago, e meu avô foi até Wheaton College, a universidade onde estudou, e pediu um emprego. Passou por vários cargos administrativos, nos quais fez um bom trabalho, e, na década seguinte, ascendeu até o cargo de reitor, além de dar aulas de teologia. A universidade deu a ele o título de doutor *honoris causa* e, até hoje, ele é lembrado com carinho pelos seus ex-alunos já idosos.

Isso é uma redefinição grandiosa da vida, mas não uma crise de meia-idade. O mais sólido dos cidadãos sólidos, meu avô nunca deixou a minha avó, nunca vacilou em sua fé e nunca, *nunca*, comprou um carro esportivo. Ele era basicamente o anti-DeLorean. Simplesmente saiu em busca de uma nova aventura na qual poderia ter sucesso, além de servir aos outros. E, não por acaso, tratou-se de uma carreira que recompensou sua inteligência cristalizada.

Meu pai nunca se esqueceu do exemplo da virtuosa mudança de carreira do pai dele. Por volta dos 40 anos, ele mesmo sentiu esse apelo. Depois da faculdade e do mestrado, conquistou o emprego dos sonhos como professor de matemática na sua amada universidade. Mas, conforme os anos se passavam, meu pai percebeu que estava ficando para trás. Professores mais jovens com Ph.D. estavam sendo promovidos e recebendo aumentos salariais; e a sensação dele era a de estar se tornando um dinossauro. Meu pai passou mais ou menos um ano pensando no assunto e decidiu começar um Ph.D. em bioestatística, uma área nova para ele. Após quatro anos de trabalho duro, publicou sua dissertação: *Um análogo de múltiplos coeficientes de determinação para dados de sobrevivência sem censura com covariáveis*. (Não vendeu como o livro da Gail Sheehy.)

Eu tinha 14 anos quando meu pai obteve seu Ph.D. Ele morreu bem cedo — com um pouco mais de 60 anos —, e não foi um final feliz. A forma como escolho me lembrar do meu pai é logo após a sua redefinição de carreira — orgulhoso e alegre. Meu ponto é: uma redefinição de carreira não precisa levar a uma crise meia-idade. O truque é ser como meu avô e meu pai, não como John DeLorean.

Idosos modernos

Nos tempos do meu avô e do meu pai, uma redefinição de vida era basicamente um empreendimento solitário. Ninguém ajudava ninguém por meio da liminaridade. Hoje em dia, porém, existem fontes de ajuda. Um bom exemplo é a Modern Elder Academy, fundada por Chip Conley.

O próprio Chip teve uma redefinição de carreira e de vida dignas de um filme de Hollywood. Ele alcançou o sucesso mundano cedo: aos 27, fundou a Joie de Vivre Hospitality, uma empresa de hotéis e restaurantes sediada na Califórnia, a qual comandou por mais de duas décadas. Um pouco antes de completar 50 anos, percebeu que estava exausto e inquieto, apesar de todo o sucesso que tinha. "Eu não queria mais fazer aquilo", ele me disse. "Era como uma prisão." Isso se somou a alguns traumas pessoais que ele nutria, como o suicídio de cinco amigos próximos e ao fato de ele mesmo ter tido uma experiência de quase morte.

Chip vendeu sua empresa sem ter nenhum plano do que fazer em seguida e acabou dando consultoria para a startup Airbnb, o site de hospedagem temporária. Achou que os fundadores na faixa dos 20 anos o tinham convidado por causa de sua expertise no setor de hotelaria, mas descobriu que não era ali que estava seu verdadeiro valor. Em vez disso, se viu oferecendo mais *sabedoria* do que *conhecimento* — conselhos sobre vida e liderança. "Você é nosso idoso moderno", disseram-lhe. No começo, ele se ofendeu com o título. Era pelo menos duas décadas mais velho que eles, mas não era "velho". (Mas, na Califórnia, juventude é tudo.) Aos poucos, passou a se sentir à vontade nesse papel e começou a amar o fato de que compartilhar o que tinha aprendido na vida estava criando algo de valor significativo.

Ele amou tanto, na verdade, que quis criar esse tipo de oportunidade para os outros. Sabia que havia inúmeras pessoas da sua idade na fase da liminaridade, conscientes do declínio em sua inteligência fluida, mas que mal estavam cientes da existência de sua crescente inteligência cristalizada. Ele queria redefinir o papel do idoso moderno — e, assim, em 2018, nasceu a sua Modern Elder Academy (MEA).

Por uma semana de cada vez, Conley leva grupos de catorze a dezoito participantes para seu pequeno campus no litoral da Baixa Califórnia, no México.[19] Com idade média de 53 anos, até hoje oitocentas pessoas já participaram, com diferentes históricos — de metalúrgicos a médicos e CEOs aposentados. O que eles têm em comum é o desejo de redefinir sua vida de forma produtiva e prazerosa, para que possam servir aos outros com suas ideias e sua experiência. Para se tornar um "idoso moderno", é preciso percorrer quatro passos: evoluir de uma mentalidade fixa para uma ampla, aprender a se abrir para coisas novas, colaborar com equipes e aconselhar outros.

Para acrescentar um sabor a mais ao programa MEA, eis as perguntas que cada participante deve saber responder ao chegar ao fim. Chip chama isso de "o próximo estatuto da sua vida", e vemos algumas similaridades com as lições que aprendemos em capítulos anteriores.[20]

Na próxima etapa da sua vida...

Lance a linha na maré baixa 217

Quais atividades você vai manter?

Quais atividades vai desenvolver e fazer diferente?

Quais atividades vai largar?

Quais novas atividades vai aprender?

E, para começar...

O que você se compromete a fazer na próxima semana para evoluir para a nova versão de você?

O que se compromete a fazer no próximo mês?

O que se compromete a fazer nos próximos seis meses?

Daqui a um ano, quais serão os primeiros frutos a surgir como resultado dos seus compromissos?

A primeira coisa que Chip diz para os participantes — e vale a pena eu e você nos lembrarmos disto — é que redefinir a vida aos 50 não é nada tarde. Pense assim: sua vida adulta começa aos 20. Se você tem uma saúde decente, 50 anos provavelmente são menos da metade da sua vida adulta. Ao publicar este livro, tenho 57 anos. As tabelas atuariais dizem que, considerando meu estilo de vida e minha saúde atual (mas sem contar a morte prematura dos meus pais), tenho 50% de chance de viver mais *quarenta anos*, e grande parte deles pode ser em atividade. A conclusão? Sou doido se achar que é tarde demais para redefinir.

Quatro lições para uma boa liminaridade

Quando eu estava terminando este livro, recebi um e-mail de um homem que não conhecia, que resumiu a maldição do obstinado melhor do que qualquer definição que eu já tinha lido.

> Eu agora me encontro do lado errado dos 50, com um arrependimento profundo por ter passado os últimos trinta anos da minha vida perseguindo apenas um objetivo (sucesso profissional). E, embora eu tenha conseguido atingi-lo, o custo pessoal foi alto demais: os últimos trinta anos não podem ser recuperados, nunca mais vou poder viver os relacionamentos e outros acontecimentos da vida que perdi.

Ele me disse que está pronto para uma grande mudança na carreira e na vida. Entretanto...

> Tenho poucas habilidades para [fazer uma mudança de carreira. Aquelas] que não são relacionadas ao trabalho atrofiaram muito tempo atrás. Quase todos os dias, sinto que devo largar meu importante emprego na área financeira imediatamente e recomeçar, me dedicando a um trabalho mais significativo (e que sugue menos meu tempo), relacionamentos, voluntariado, viagens, doando meu tempo para os outros, escutando os passarinhos cantarem, plantando flores... mas isso também me parece um caminho radical e impensado, para o qual não tenho habilidades para lidar.

Um conselho sólido para ele é passar uma semana na Baixa Califórnia com Chip Conley — ou frequentar qualquer outro programa formal que ajude pessoas a redefinir a carreira. Mas, para muitas pessoas, isso não é prático. Então, seguem algumas lições concretas para você começar, com base na melhor pesquisa e nas estratégias mais bem-sucedidas que já vi.

LIÇÃO 1: ENCONTRE O SEU MARSHMALLOW

Pode ser que "encontre seu marshmallow" soe como uma gíria bacana na década de 1960 para tomar ácido ou entrar em uma comuna, mas você já sabe que não é esse o meu conselho. Na verdade, é apenas um aceno para um experimento clássico de ciências sociais.[21]

Em 1972, Walter Mischel, psicólogo social da Universidade de Stanford, realizou um experimento psicológico envolvendo crianças em idade pré-escolar e um saco de marshmallows. Ele se sentava de frente para cada criança, sacava um marshmallow e perguntava: "Você quer?" Obviamente, elas queriam. Ele dizia que seria delas... mas tinha uma pegadinha. Ele sairia da sala por quinze minutos. A criança podia comer o marshmallow enquanto ele estivesse fora, se quisesse. Mas, se o primeiro marshmallow ainda estivesse lá quando o pesquisador voltasse, a criança poderia pegar outro.

Mischel descobriu que a maioria das crianças não conseguiu esperar e comeu o marshmallow quando ficou sozinha. Ele continuou acompanhando essas crianças no estudo e descobriu que aquelas que conseguiram adiar a própria gratificação foram mais bem-sucedidas quando cresceram: eram mais saudáveis, mais felizes, ganhavam mais e tiraram notas mais altas nas provas de ingresso à faculdade do que aquelas que tinham comido o marshmallow sem esperar.[22] Nos anos seguintes, outros pesquisadores destacaram que os resultados de Mischel iam muito além da força de vontade; eles também envolviam o histórico da família da criança, circunstâncias socioeconômicas e outros fatores.[23] Mas a implicação permanecia: coisas boas aconteciam para quem esperava — e trabalhava, e se sacrificava e, talvez, até sofria.

A pergunta aqui não é se você teria passado no teste do marshmallow de Mischel; você não estaria perdendo seu tempo com este livro se não tivesse passado, porque não teria tido sucesso suficiente para estar sofrendo agora. A pergunta, no momento da redefinição, é: *qual exatamente é o próximo marshmallow?* Você sabe o que quer ao começar a fazer novos sacrifícios?

Se você está coçando a cabeça, não se desespere: as próximas três lições tratam disso.

LIÇÃO 2: O TRABALHO QUE VOCÊ FAZ TEM QUE SER A RECOMPENSA

Um dos maiores erros que as pessoas cometem em sua carreira é tratar o trabalho acima de tudo como um meio para um fim. Talvez você tenha feito isso durante toda a sua carreira até agora. Caso sim, você fez o mesmo que muitas pessoas fazem enquanto estão na curva de inteligência fluida: percebeu que está errado e decidiu que está na hora de parar. Seja a escassez do dinheiro, seja do poder ou do prestígio, a instrumentalização do trabalho leva à infelicidade.

Esse é apenas um exemplo de uma verdade mais ampla, de que esperar por um destino para ser feliz é errado. Em seu ensaio *Self-Reliance* [Autossuficiência, em tradução livre], de 1841, Ralph Waldo Emerson escreveu: "Em casa, sonho que em Nápoles, em Roma, posso ser intoxicado pela beleza e perder a minha tristeza. Arrumo a minha mala, abraço meus amigos, embarco no oceano e, finalmente, acordo em Nápoles, e ali, ao meu lado, está o duro fato, o eu triste, implacável, idêntico de quem eu fugi."[24]

Você sabe perfeitamente bem que, quando a sua carreira é apenas um meio para se chegar a um fim, a recompensa

— mesmo que você a receba — será insatisfatória, porque você já estará esperando pela próxima. Se você cometeu esse erro antes, o que está feito está feito. Mas não o cometa de novo. É óbvio que a sua redefinição não vai deixá-lo alegre e realizado todos os dias. Alguns dias serão bem insatisfatórios, como qualquer outra coisa na vida. Mas, com os objetivos certos — alcançar o sucesso e servir aos outros —, você pode fazer com que o restante da sua carreira seja a própria recompensa.

LIÇÃO 3: FAÇA A COISA MAIS INTERESSANTE QUE PUDER

No decorrer dos anos, participei de muitas cerimônias de formatura e observei que existem basicamente dois tipos de discursos. O primeiro pode ser resumido em: "Vá encontrar o seu propósito." O segundo é: "Encontre um trabalho que ame e você não terá que trabalhar nenhum dia da sua vida." Qual é o melhor conselho — não só para formandos, mas para todos nós?

Em 2017, um grupo de acadêmicos alemães e norte--americanos buscaram a resposta para essa pergunta. Eles criaram o que chamaram de "Questionário da Busca da Paixão no Trabalho", em que compararam a satisfação em relação ao emprego de pessoas cujo objetivo principal era o prazer com aquelas cujo objetivo era encontrar significado.[25] Graças às 1.357 pessoas que participaram do estudo, os pesquisadores descobriram que aquelas que buscavam prazer tinham menos paixão pelo trabalho e mudavam de emprego com mais frequência do que as que buscavam significado.

Esse é apenas um exemplo do velho debate sobre os dois tipos de felicidade que os estudiosos chamam de *hedonia* e *eudaimonia*. *Hedonia* tem relação com se sentir bem;

eudaimonia se trata de viver uma vida com propósito. Na verdade, precisamos de ambos. *Hedonia* sem *eudaimonia* é um prazer vazio; *eudaimonia* sem *hedonia* fica seco. Na busca pelo marshmallow profissional, penso que devemos procurar um trabalho que seja um equilíbrio entre prazer e significado.

A relação entre prazer e significado é *interessante*. Muitos neurocientistas consideram o interesse uma emoção primária positiva, processada no sistema límbico do cérebro.[26] Algo que realmente interessa a você é bastante prazeroso, mas também tem que ser significativo para manter o seu interesse. Ou seja, "Eu tenho um profundo interesse por esse trabalho?" é um bom e decisivo teste para saber se uma nova atividade é o seu novo marshmallow.

LIÇÃO 4: UMA MUDANÇA DE CARREIRA NÃO PRECISA SER UMA LINHA RETA

Vivemos em uma cultura que idolatra o sucesso, tanto que muitos de nós somos viciados em sucesso. Fundadores de startup tecnológicas ganharam grandes fortunas em seus 20 anos e se tornaram lendas. Verdade ou não, o empreendedor costuma ser descrito como alguém com uma única paixão duradoura, pela qual está disposto a pagar qualquer preço pessoal. Suas grandes recompensas mundanas são exibidas como o último marshmallow.

Mas esse modelo não descreve quantas pessoas felizes e realizadas sobreviveram e prosperaram — talvez a maioria. Acadêmicos da Universidade do Sul da Califórnia estudaram padrões de carreira e chegaram a quatro grandes categorias.[27] As primeiras são as carreiras lineares, em que a escalada é sempre para cima enquanto tudo se fundamenta em tudo. O conceito da "escada corporativa" é bem linear. Esse também é o modelo do empreendedor bilionário.

Mas não é o único modelo de carreira: existem outros três. Carreiras estacionárias envolvem ficar em um emprego e aumentar sua expertise. Carreiras transitórias são aquelas nas quais as pessoas pulam de um emprego para outro, até mesmo de uma área para outra, buscando novos desafios. Carreiras em espiral, a última categoria, se parecem mais com uma série de minicarreiras — a pessoa passa muitos anos se desenvolvendo em uma profissão, então muda de área em busca não apenas de uma novidade como também de um trabalho que acrescente habilidades àquelas conquistadas nas minicarreiras anteriores.

Então, qual é a melhor? No início da sua vida, você deve ter tido uma carreira superlinear, e está tudo bem. Mas é mais provável que, conforme você se aproxime da segunda curva, um padrão em espiral seja mais adequado. Isso significa pensar mais no que você realmente quer agora e menos no que queria no passado; diminuir suas expectativas sobre compensação monetária; e se preocupar menos com o fato de que as outras pessoas podem achar que é um retrocesso de prestígio ou com o fato de que você não está usando suas experiências e habilidades passadas de forma muito óbvia. Em outras palavras, você pode deixar de administrar um fundo hedge para ir dar aula de história no ensino médio. E isso é incrível.

Salte

Anos atrás, de férias com a família, estávamos percorrendo o Havaí de bicicleta, intercalando com passeios turísticos e várias aventuras. Certa tarde, fomos de caiaque com um grupo de famílias até uma rocha de 9 metros de altura chamada "The End of the World", o fim do mundo, da qual um bando de adolescentes estava pulando para as ondas abaixo. Um dos adultos do meu grupo perguntou: "Alguém topa fazer aquilo?" Todo mundo disse que não, então eu me ofereci para ir com ele. De cima da rocha vulcânica, parecia que a água estava a 1 quilômetro de distância. Minha cabeça começou a girar, e eu pensei: *Isso é loucura, isso é loucura, isso é loucura*.

Olhei de forma hesitante para um garoto que estava perto de mim e que, nitidamente, já era veterano no salto. Ele sorriu e disse: "Não pensa, cara! Só pula!" E foi o que eu fiz. Momentos depois, caí na água (sim, doeu) e levei vários segundos até conseguir voltar à superfície. No momento em que minha cabeça emergiu, tive a sensação de estar renascendo.

No budismo tibetano, existe um conceito chamado *"bardo"*, que é um estado de existência entre a morte e o renascimento. Em *O livro tibetano do viver e do morrer*, o monge budista Sogyal Rinpoche descreve *bardo* como "um momento em que você dá um passo na direção do precipício".[28] Você sabe que precisa pular para se libertar, só que é assustador. No entanto, quando pula, há uma breve transição e você renasce.

Quando larguei meu emprego como presidente da *think tank*, foi um pouco como se eu estivesse encarando a morte. Era o fim de todo um estilo de vida, de uma série de experiências e — eu sabia muito bem — de relacionamentos. Muitos leitores deste livro sabem exatamente do que estou falando aqui. Talvez você não ame o seu trabalho, principalmente se seu auge já passou e agora esteja sendo uma fase de tormento. Talvez seja como um casamento tenso. Ainda assim, desistir desse emprego gera uma sensação de morte ou divórcio e, antes que você dê esse passo, é como estar na beira do precipício. Você está largando aquilo que tem, que construiu, uma vida profissional que responde à pergunta "Quem sou eu?". É uma morte profissional acompanhada de um renascimento incerto. Você está encarando o precipício, sem saber se o que está à espera vai ser prazeroso ou doloroso — ou ambos.

Mas você sabe o que tem que fazer.

Não pensa, cara. Só pula.

CONCLUSÃO

❁

Sete palavras
para se lembrar

ESTE LIVRO COMEÇOU EM um voo noturno. Eu convidei você a escutar escondido um senhor famoso no mundo inteiro confessar que seria melhor se já estivesse morto. As habilidades dele tinham declinado; a vida se tornara uma fonte de frustração e insatisfação; parecia que ninguém se importava com ele como antes — se é que algum dia realmente se importaram.

Aquela experiência mexeu tanto comigo que comecei a fazer uma pesquisa particular para ver se o meu destino seria inevitavelmente como o daquele senhor — ou se havia alguma coisa que eu pudesse fazer para evitar. Acabei realizando grandes mudanças na minha vida. Pedi demissão do meu emprego e saltei para um estado liminar, passei a trabalhar em algo que tinha como foco a minha inteligência cristalizada e cortei os excessos. Desenvolvi minhas amizades e relacionamentos familiares e intensifiquei minha vida espiritual. Prometi não me objetificar, mas ser indefeso em relação às minhas fraquezas

Sete palavras para se lembrar

de forma a realmente descobrir minha nova vocação e dedicá-la a levantar os outros.

Nada disso veio de forma fácil nem natural. Todas essas coisas iam contra meus anseios de obstinado. E isso me leva mais uma vez a destacar a verdade de que natureza não é destino e, às vezes, precisamos lutar contra nossos instintos naturais se quisermos ser felizes.

Eu sei que é difícil para algumas pessoas acreditarem nisso. Nossos desejos mundanos por dinheiro, poder e prestígio vêm do sistema límbico do nosso cérebro. Instintivamente, queremos ser felizes e satisfeitos. Então, estabelecemos uma conexão errada: "Já que tenho esses anseios, devo segui-los para ser feliz."

Mas essa é uma falácia cruel da Mãe Natureza. Ela não se importa se você está infeliz ou não. Se fundir sobrevivência intergeracional com bem-estar, o problema é seu, e não dela. E os idiotas úteis da Mãe Natureza na sociedade não ajudam muito ao propagar um conselho fadado a arruinar vidas: "Se é prazeroso, faça." A não ser que você tenha as mesmas metas existenciais de um protozoário, isso costuma estar totalmente errado.

Tornar-se mais forte requer aprender um conjunto de habilidades para a vida. Precisamos adotar uma nova fórmula, que detalhei neste livro, a cada capítulo. Mas é pouco provável que você vá memorizar as últimas 50 mil palavras. Então, deixe-me resumir o livro inteiro em sete palavras — uma fórmula que reúne todas as lições que aprendi e agora me esforço para viver:

Use coisas.
Ame pessoas.
Idolatre o divino.

Não me entenda mal. Não estou estimulando você a odiar e rejeitar o mundo; nem a viver como um ermitão em uma caverna no Himalaia. Não tem nada de ruim ou vergonhoso em abundância material, e temos o direito de desfrutar dela. A abundância material é o que nos dá o pão de cada dia e tira nossos irmãos e irmãs da pobreza. Ela reflete as bênçãos da nossa criatividade e do nosso trabalho e pode trazer conforto e prazer para os dias monótonos.

O problema não é o substantivo *coisas*, e sim o verbo *amar*. As coisas são para usar, não para amar. Mas, se você puder se lembrar de apenas uma lição deste livro, deve ser a de que o amor está no epicentro da nossa felicidade. Por volta do ano 400, o grande Santo Agostinho resumiu esta lição como o segredo para uma boa vida: "Ame e faça o que quiser."[1] Mas o amor é reservado para as pessoas, não para as coisas; colocar seu amor no lugar errado é um convite para a frustração e a futilidade — subir na esteira hedônica e colocar na velocidade ultrarrápida.

Suba o amor um nível e teremos a idolatria. O escritor David Foster Wallace, bem astuto, disse, certa vez: "Não existe isso de não idolatrar. Todo mundo idolatra. A única escolha que temos é o que idolatrar."[2] Se você ama coisas, vai se esforçar para se objetificar em termos de dinheiro, prazer e prestígio — apenas ídolos. Idolatrará a si mesmo — ou, pelo menos, um corte bidimensional de você mesmo.

Mais uma vez, isso é o que o mundo afirma que lhe trará felicidade. Mas o mundo mente: ídolos não vão fazer você ser feliz e, por isso, você não deve se idolatrar. Leve ao pé da letra o que Moisés falou no livro de Deuteronômio sobre ídolos: "Assim vocês tratarão essas nações: derrubem os seus altares, quebrem as suas colunas sagradas, cortem os seus postes sagrados e queimem os seus ídolos."[3] Este livro mostrou como. Mas você precisa tomar a decisão.

O homem do avião hoje

Antes de terminar, me ocorreu que você pode estar se perguntando o que aconteceu com o homem do avião.

Ele continua sendo muito famoso, de vez em quando aparece nos noticiários, embora com menos frequência a cada ano. Está muito velho. Antes, quando eu via uma notícia sobre ele, sentia algo parecido com pena, mas agora percebo que era apenas um sentimento de terror projetado sobre o meu futuro. "Coitado", na verdade, queria dizer "Estou ferrado".

No entanto, conforme fui compreendendo mais a fundo a fórmula certa — e as lições deste livro —, meu medo desapareceu. Pensei que realmente deveria colocá-lo na seção de agradecimentos deste livro. Meu sentimento por ele é de gratidão pelo que me ensinou, mesmo sem saber. Ele me colocou em um caminho que mudou a minha vida. Em primeiro lugar, fiz a pesquisa para expor as fontes de tristeza entre tantas pessoas que são "vencedoras" na vida — tristeza pelo destino ao qual eu com certeza estava fadado. Em segundo, coloquei em ação uma série de mudanças na minha vida que, de outra forma, nunca teria feito. Em terceiro, consegui enumerar os segredos para colocar essas mudanças em prática e compartilhá-los com você.

Na verdade, preciso agradecer ao homem do avião por me permitir ser feliz e completo pelo restante da minha vida, quer sejam dois anos, quer sejam quarenta. Vou levar sua identidade para o túmulo, mas vou pensar nele todos os dias. Minha esperança é que, antes que isso aconteça, ele encontre paz e alegria.

Espero que você também encontre.

Assim você poderá se tornar cada vez mais forte.

Agradecimentos

Se há erros ou omissões neste livro, são meus apenas. Entretanto, o trabalho está longe de ter sido um empreendimento solo. Meu assistente de pesquisa, Reece Brown, tornou este livro possível, assim como a minha equipe e o apoio de Ceci Gallogly, Candice Gayl, Molly Glaeser e Liz Fields. Essas são as pessoas que estão à minha volta todo dia, trabalhando para levar a arte e a ciência da felicidade para novos públicos.

Pela inspiração e pelas ideias, sou grato aos meus colegas da Harvard Kennedy School e da Harvard Business School, em especial Len Schlesinger, que me escutou falar sobre este trabalho por quase três anos sem nunca reclamar. As lideranças dessas grandes instituições — Doug Elmendorf, Nitin Nohria e Srikant Datar — não falharam em apoiar meu trabalho criativo em Harvard. E os alunos de MBA das minhas turmas de "Liderança e Felicidade" foram uma lembrança inspiradora de que a felicidade é algo que podemos melhorar e compartilhar em todas as idades.

Pela motivação e orientação durante todo o processo, estou em dívida com Bria Sandford, minha editora na Portfolio; Anthony Mattero, meu agente literário na Creative Artists Agency; e Jen Phillips Johnson e sua equipe da Red Light PR.

Muitas das ideias e algumas passagens deste livro apareceram de início nas minhas colunas no *Washington Post* em

2019 e 2020, e depois na minha coluna "How to Build a Life" na *Atlantic*. Sou muito grato aos meus editores no *Washington Post*, Mark Lasswell e Fred Hiatt, e na *Atlantic*, Rachel Gutman, Jeff Goldberg, Julie Beck e Ena Alvarado-Esteller. O trabalho de Chip Conley inspirou muitas ideias aqui. Muitos outros — a maioria anônima — contribuíram com suas histórias pessoais para este livro e se tornaram inestimáveis para mim.

Pela amizade e pelo apoio ao meu trabalho, sempre serei grato a Dan D'Aniello, Tully Friedman, Eric Schmidt, Ravenel Curry, Barre Seid e meus amigos na Legatum, incluindo Christopher Chandler, Alan McCormick, Philippa Stroud, Mark Stoleson e Philip Vassiliou.

Vários professores espirituais influenciaram este livro, de forma direta ou indireta. O primeiro é Tenzin Gyatso, Sua Santidade, o Dalai Lama. Sua mentoria nos últimos nove anos, assim como nossos escritos juntos, formou grande parte dos meus pensamentos. O segundo é o bispo Robert Barron, que me ajudou a enxergar melhor a minha vida e o meu trabalho como um apostolado. Finalmente, minha esposa, que está comigo há trinta anos e contando, Ester Munt-Brooks. Por meio de atitudes e ações, ninguém me ensinou mais na vida sobre amor e compaixão. Ela é meu guru e este livro é dedicado a ela.

Notas

Introdução: O homem no avião que mudou a minha vida

1. BOWMAN, J. "Herb Stein's Law", *The New Criterion*, v. 31, n. 5, jan. 2013.

Capítulo 1: Seu declínio profissional está (muito) mais perto do que você pensa

1. BOWLBY, J. *Charles Darwin: A New Life*, 1ª ed. Nova York: W. W. Norton, 1991, p. 437.
2. TAYLOR, P., MORIN, R., PARKER, K. *et al.* "Growing Old in America: Expectations vs. Reality", *Pew Research Center's Social and Demographic Trends Project*, 29 jun. 2009. Disponível em: www.pewresearch.org/social-trends/2009/06/29/growing-old-in-america-expectations-vs-reality.
3. O pico em idade mais avançada é aos 39, no caso de ultraciclismo. Allen, S. V. e Hopkins, W. G. "Age of Peak Competitive Performance of Elite Athletes: A Systematic Review", *Sports Medicine*, Auckland, v. 45, n. 10, 2015, pp. 1431–41.
4. JONES, B. F. "Age and Great Invention", *The Review of Economics and Statistics*, v. 92, n. 1, 2010, pp. 1–14.
5. ORTIZ, M. H. "New York Times Bestsellers: Ages of Authors", *It's Harder Not To*, (s.d.). Disponível em: http://martinhillortiz.blogspot.com/2015/05/new-york-times-bestsellers-ages-of.html.
6. KORNIOTIS, G. M. e KUMAR, A. "Do Older Investors Make Better Investment Decisions?", *The Review of Economics and Statistics*, v. 93, n. 1, 2011, pp. 244–265.
7. TESSLER, M., SHRIER, I. e STEELE, R. "Association Between Anesthesiologist Age and Litigation", *Anesthesiology*, v. 116, n. 3, 2012, pp. 574–9. Enquanto os médicos tinham sucesso em nos manter vivos por mais tempo, eles também tiveram sucesso mantendo-se vivos — e em atividade — por mais tempo. O *Journal of the American Medical Association* mostrou um aumento de 374% de médicos com 65 anos ou mais, de 1975 a 2013. Veja Dellinger, E., Pellegrini, C. e Gallagher, T. "The Aging Physician and the Medical Profession: A Review", *JAMA Surgery*, v. 152, n. 10, 2017, pp. 967–71.
8. AZOULAY, P. e JONES, B. F. "Research: The Average Age of a Successful Startup Founder Is 45", *Harvard Business Review*, 14 mar. 2019. Disponível em: https://hbr.org/2018/07/research-the-average-age-of-a-successful-startup-founder-is-45.
9. WARR, P. "Age and Job Performance", *in* Snel, J. e Cremer, R. (orgs.), *Work and Aging: A European Perspective*. Londres: Taylor & Francis, 1995, pp. 309–22.
10. Federal Aviation Administration. "Civil Service Retirement System (CSRS)", 13 jan. 2017. Disponível em: www.faa.gov/jobs/employment_information/benefits/csrs.

Notas

11. Adaptado de Simonton, D. "Creative Productivity: A Predictive and Explanatory Model of Career Trajectories and Landmarks", *Psychological Review*, v. 104, n. 1, 1997, pp. 66–89. A curva é ajustada a partir da equação $p(t) = 61(e^{-0.04t} - e^{-0.05t})$.

12. Tribune News Services. "World's Longest Serving Orchestra Musician, Collapses and Dies During Performance", *Chicago Tribune*, 16 maio 2016. Disponível em: www.chicagotribune.com/entertainment/music/ct-jane--little-dead-20160516-story.html.

13. REYNOLDS, J. "Fired or Retired? What Happens to the Aging Orchestral Musician", *Pittsburgh Post-Gazette*, 17 set. 2018. Disponível em: www.post-gazette.com/ae/music/2018/09/17/Orchestra-musician-retirement-age-discrimination-lawsuit-urbanski-michigan-symphony-audition-pso/stories/201808290133. Um dos poucos estudos a analisar academicamente o pico de desempenho entre os músicos clássicos foi publicado em 2014 no periódico *Musicae Scientiae* e entrevistou 2.536 músicos profissionais entre 20 e 69 anos. Os pesquisadores descobriram que os músicos sentiam estar em seu auge de desempenho aos 30 e que o declínio acontecia aos 40. Isso parece coincidir com outros campos competitivos e de alta concentração, como xadrez, nos quais os melhores jogadores atingem o auge aos 30. Veja Gembris, H. e Heye, A. "Growing Older in a Symphony Orchestra: The Development of the Age-Related Self-Concept and the Self-Estimated Performance of Professional Musicians in a Lifespan Perspective", *Musicae Scientiae*, v. 18, n. 4, 2014, pp. 371–91.

14. MYERS, D. G. *Explorando a psicologia*. Rio de Janeiro: LTC, 5ª ed., 2003, pp. 400–1.

15. DAVIES, D. R., MATTHEWS, G., STAMMERS, R. B. e WESTERMAN, S. J. *Human Performance: Cognition, Stress and Individual Differences*. Hoboken, Nova Jersey: Taylor & Francis, 2013, p. 306.

16. KRAMER, A., LARISH, J. e STRAYER, D. "Training for Attentional Control in Dual Task Settings: A Comparison of Young and Old Adults", *Journal of Experimental Psychology: Applied*, v. 1, n. 1, 1995, pp. 50–76.

17. RAMSCAR, M., HENDRIX, P., SHAOUL, C. *et al.* "The Myth of Cognitive Decline: Non-Linear Dynamics of Lifelong Learning", *Topics in Cognitive Science*, v. 6, n. 1, 2014, pp. 5–42.

18. PAIS, A. *et al. Paul Dirac: The Man and His Work*. Cambridge e Nova York: Cambridge University Press, 1998.

19. CAVE, S. *Immortality: The Quest to Live Forever and How It Drives Civilization*, 1ª ed. Nova York: Crown, 2011.

20. Imagine um modelo simples em que $A = \alpha P^\beta E^\gamma$, em que A = angústia posterior na vida, P = prestígio profissional no ponto mais alto da carreira, E = apego emocional a esse prestígio e α, β, γ são parâmetros. Se E > 0, significa que o prestígio aumentará a angústia. Se, além disso, β > 1, A é convexo em P, i.e., $\frac{\partial^2 A}{\partial P^2} > 0$, cada unidade adicional de prestígio leva a mais angústia pelo caminho. Que dó de você. QED.

21. Veja, por exemplo, Gruszczyńska, E., Kroemeke, A., Knoll, N. *et al.* "Well-Being Trajectories Following Retirement: A Compensatory Role of Self-Enhancement Values in Disadvantaged Women", *Journal of Happiness Studies*, v. 21, n. 7, 2019, p. 2309.

22. HOLAHAN, C. K. e HOLAHAN, C. J. "Being Labeled as Gifted, Self-Appraisal, and Psychological Well-Being: A Life Span Developmental Perspective", *International Journal of Aging and Human Development*, v. 48, n. 3, 1999, pp. 161–73.

Capítulo 2: A segunda curva

1. KEULEERS, E., STEVENS, M., MANDERA, P. e BRYSBAERT, M. "Word Knowledge in the Crowd: Measuring Vocabulary Size and Word Prevalence in a Massive Online Experiment", *Quarterly Journal of Experimental Psychology*, v. 68, n. 8, 2015, pp. 1665–92.

2. HARTSHORNE, J. K. e GERMINE, L. T. "When Does Cognitive Functioning Peak? The Asynchronous Rise and Fall of Different Cognitive Abilities Across the Life Span", *Psychological Science*, v. 26, n. 4, 2015, pp. 433–43; Vaci, N., Cocic´, D., Gula, B. e Bilalic´, M. "Large Data and Bayesian Modeling-Aging Curves of NBA Players", *Behavior Research Methods*, v. 51, n. 4, 2019, pp. 1544–64.

3. Muitos dos outros trabalhos de Cattell foram desconsiderados porque ele tinha interesse por eugenia e até mesmo criou uma pseudorreligião baseada nisso, chamada "*beyondism*". No entanto, o trabalho dele aqui citado sobre as duas inteligências não tem relação com o assunto e tem sobrevivido ao teste do tempo.

4. PENG, P., WANG, T., WANG, C. e LIN, X. "A Meta-Analysis on the Relation Between Fluid Intelligence and Reading/Mathematics: Effects of Tasks, Age, and Social Economics Status", *Psychological Bulletin*, v. 145, n. 2, 2019, pp. 189–236.

5. Alguns dizem que, na verdade, Raymond Cattell não criou essa teoria e que o crédito pertence a Donald Hebb. De acordo com Richard Brown, "a teoria de Cattell de inteligência fluida e cristalizada é a teoria de Hebb de inteligência A e inteligência B com outro nome e popularizada por Cattell. A teoria de Cattell foi ideia de Hebb". Os dois homens trocaram correspondências e brigaram para saber quem merecia o crédito. Veja Brown, R. E. "Hebb and Cattell: The Genesis of the Theory of Fluid and Crystallized Intelligence", *Frontiers in Human Neuroscience*, v. 10, n. 2016, 2016, p. 606.

6. HORN, J. L. "Spearman, G, Expertise, and the Nature of Human Cognitive Capability", *in* Kyllonen, P. C., Roberts, R. D. e Stankov, L. (orgs.), *Extending Intelligence: Enhancement and New Constructs*. Nova York: Lawrence Erlbaum Associates, 2008, pp. 185–230.

7. KINNEY, D. P. e SMITH, S. P. "Age and Teaching Performance", *The Journal of Higher Education*, v. 63, n. 3, 1992, pp. 282–302.

8. HICKEN, M. "Professors Teach into Their Golden Years", *CNN*, 17 jun. 2013. Disponível em: http://money.cnn.com/2013/06/17/retirement/professor-s-retire/index.html.

Notas   235

9. HARRISON, S. *A Companion to Latin Literature*, 1ª ed., Blackwell Companions to the Ancient World series. Williston, Vermont: Wiley-Blackwell, 2008, p. 31.
10. CÍCERO, M. T. *Dos Deveres (De Officiis)*. São Paulo: Edipro, 2019, p. 127.
11. SENECA. *Suasoria 6:18*. Tradução de W. A. Edward. 1928. Disponível em: www.attalus.org/translate/suasoria6.html.
12. Nova Versão Internacional. Salmo 90:12. Disponível em: http://www.bibliaonline.com.br/nvi/gn/1
13. Até o momento, 1.128 composições foram contabilizadas como escritas por J. S. B. Johann Sebastian Bach Midi Page, "The Bach-Werke-Verzeichnis", 16 jun. 1996. Disponível em: www.bachcentral.com/BWV/index.html.
14. ELIE, P. *Reinventing Bach*, 1ª ed. Nova York: Farrar, Straus and Giroux, 2012, p. 447.
15. C. P. E. era o quinto filho de Bach e o terceiro de onze meninos. Ele nasceu quando o pai tinha 28 anos e recebeu o nome de seu padrinho, o compositor Georg Philipp Telemann.
16. Alguns estudiosos discutem se esse foi realmente o momento em que Bach faleceu. A fuga foi escrita pelas próprias mãos de J. S., enquanto, no fim de sua vida, sua visão estava falhando, o que dificultou o trabalho. Mas, como sempre, toda essa especulação é só mais lenha para a fogueira acadêmica.
17. MILES, R. H. *Johann Sebastian Bach: An Introduction to His Life and Works*. Englewood Cliffs, Nova Jersey: Prentice-Hall, 1962, p. 19.

Capítulo 3: Largue seu vício em sucesso

1. OCDE. *Tackling Harmful Alcohol Use: Economics and Public Health Policy*. Paris: OECD Publishing, 2015, p. 64.
2. OATES, W. E. *Confessions of a Workaholic: The Facts About Work Addiction*. Nova York: World Publishing, 1971.
3. PORTER, M. E. e NOHRIA, N. "How CEOs Manage Time", *Harvard Business Review*, v. 96, n. 4, 2018, pp. 42–51; Ward, M.. "A Brief History of the 8-hour Workday, Which Changed How Americans Work", *CNBC*, 5 maio 2017. Disponível em: www.cnbc.com/2017/05/03/how-the-8-hour-workday--changed-how-americans-work.html.
4. KILLINGER, B. "The Workaholic Breakdown Syndrome", *in Research Companion to Working Time and Work Addiction*. New Horizons in Management series. Cheltenham, Reino Unido: Edward Elgar, 2006, pp. 61–88.
5. ROBINSON, B. E. "Workaholism and Family Functioning: A Profile of Familial Relationships, Psychological Outcomes, and Research Considerations", *Contemporary Family Therapy*, v. 23, n. 1, 2001, pp. 123–35; Robinson, B. E., Carroll, J. J. e Flowers, C. "Marital Estrangement, Positive Affect, and Locus of Control Among Spouses of Workaholics and Spouses of Nonworkaholics: A National Study", *American Journal of Family Therapy*, v. 29, n. 5, 2001, pp. 397–410.

6. ROBINSON, B. E., CARROLL, J. J. e FLOWERS, C. "Marital Estrangement, Positive Affect, and Locus of Control Among Spouses of Workaholics and Spouses of Nonworkaholics", pp. 397–410; Farrell, M. "So You Married a Workaholic", *Forbes*, 19 jul. 2012. Disponível em: www.forbes.com/2007/10/03/work-workaholics-careers-entrepreneurs-cx_mf_1004work spouse.html#63db1bb32060.

7. C. W. "Proof That You Should Get a Life", *The Economist*, 9 dez. 2014. Disponível em: www.economist.com/free-exchange/2014/12/09/proof-that-you-should-get-a-life.

8. SUGAWARA, S. K., TANAKA, S., OKAZAKI, S. et al. "Social Rewards Enhance Offline Improvements in Motor Skill", *PloS One*, v. 7, n. 11, 2012, E48174.

9. SHENK, J. *Lincoln's Melancholy: How Depression Challenged a President and Fueled His Greatness*. Boston: Houghton Mifflin, 2005.

10. GARTNER, J. *The Hypomanic Edge: The Link Between (a Little) Craziness and (a Lot of) Success in America*. Nova York: Simon & Schuster, 2005.

11. GOLDMAN, B., BUSH, P. e KLATZ, R. *Death in the Locker Room: Steroids and Sports*. South Bend, Indiana: Icarus, 1984.

12. RIBEIRO, A. D. "Is There Life After Success?" *Wondering Fair*, 11 ago. 2014. Disponível em: https://wonderingfair.com/2014/08/11/is-there-life-after-success.

13. PAPADAKI, E. "Feminist Perspectives on Objectification", *The Stanford Encyclopedia of Philosophy*, mar.-jun. 2021. Disponível em: https://plato.stanford.edu/archives/spr2021/entries/feminism-objectification.

14. MARX, K. "Estranged Labour", *in Economic and Philosophic Manuscripts of 1844*. Moscou: Progress Publishers, 1959. Disponível em: www.marxists.org/archive/marx/works/1844/manuscripts/labour.htm.

15. CRONE, L., BRUNEL, L. e AUZOULT, L. "Validation of a Perception of Objectification in the Workplace Short Scale (POWS)", *Frontiers in Psychology*, v. 12, jun. 2021.

16. AUZOULT, L. e PERSONNAZ, B. "The Role of Organizational Culture and Self-Consciousness in Self-Objectification in the Workplace", *Testing, Psychometrics, Methodology in Applied Psychology*, v. 23, n. 3, 2016, pp. 271–84.

17. MERCURIO, A. E. e LANDRY, L. J. "Self-Objectification and Well-Being: The Impact of Self-Objectification on Women's Overall Sense of Self-Worth and Life Satisfaction", *Sex Roles*, v. 58, n. 7, 2008, pp. 458–66.

18. BELL, B. T., CASSARLY, J. A. e DUNBAR, L. "Selfie-Objectification: Self-Objectification and Positive Feedback ('Likes') Are Associated with Frequency of Posting Sexually Objectifying Self-Images on Social Media", *Body Image*, v. 26, 2018, pp. 83–9.

19. TALMON, A. e GINZBURG, K. "The Nullifying Experience of Self-Objectification: The Development and Psychometric Evaluation of the Self-Objectification Scale", *Child Abuse and Neglect*, v. 60, 2016, pp. 46–57; Muehlenkamp, J. J. e Saris-baglama, R. N. "Self-objectification and Its

Psychological Outcomes for College Women", *Psychology of Women Quarterly*, v. 26, n. 4, 2012, pp. 371–9.

20. QUINN, D. M., KALLEN, R. W., TWENGE, J. M. e FREDERICKSON, B. L. "The Disruptive Effect of Self-Objectification on Performance", *Psychology of Women Quarterly*, v. 30, n. 1, 2006, pp. 59–64.

21. MCLUHAN, M. *Os meios de comunicação como extensões do homem: Understanding Media*. São Paulo: Cultrix, 1969.

22. AQUINO, T. de. *Summa Theologica*. Trad. de Fathers of the English Dominican Province. [s.l.]: New Advent, 2ª ed. rev., 2008, parte 2, quest. 162, art. 1. Disponível em: www.newadvent.org/summa/3162.htm.

23. CANNING, R. *The Rule of Saint Augustine*. Trad. de Raymond Canning. Garden City, Nova York: Image Books, 1986, p. 56; Dwyer, K. K. e Davidson, M. M. "Is Public Speaking Really More Feared Than Death?", *Communication Research Reports*, v. 29, n. 2, 2012, pp. 99–107.

24. CROSTON, G. "The Thing We Fear More Than Death", *Psychology Today*, 29 nov. 2012. Disponível em: www.psychologytoday.com/us/blog/the-real-story-risk/201211/the-thing-we-fear-more-death.

25. Norwest Venture Partners. "2018 Norwest CEO Journey Study", 22 ago. 2018. Disponível: https://nvp.com/ceojourneystudy/#fear-of-failure.

26. ROUSSEAU, J. *As confissões*. Rio de Janeiro: Nova Fronteira, 4ª ed., 2018.

27. SCHULTHEISS, O. C. e BRUNSTEIN, J. C. *Implicit Motives*. Nova York e Oxford: Oxford University Press, 2010, p. 30.

28. SCHOPENHAUER, A. *Seis ensaios de Parerga e Paralipomena, pequenos escritos filosóficos*. Porto Alegre: Zouk, 2016.

29. LYUBOMIRSKY, S. e ROSS, L. "Hedonic Consequences of Social Comparison", *Journal of Personality and Social Psychology*, v. 73, n. 6, 1997, pp. 1141–57.

30. Desculpe por misturar tantas metáforas. Talvez as metáforas sejam o meu problema.

Capítulos 4: Comece a cortar os excessos

1. É óbvio que a filosofia oriental, não necessariamente, corresponde ao estilo de vida oriental moderno. Existe um problema de materialismo e ganância na China e na Índia, assim como no Ocidente.

2. TZU, L. *Tao Te Ching*, cap. 37.

3. FORBES, R. "My Father, Malcolm Forbes: A Never-Ending Adventure", *Forbes*, 19 ago. 2019. Disponível em: www.forbes.com/sites/forbesdigitalcovers/2019/08/19/my-father-malcolm-forbes-a-never-ending-adventure/?sh=4e80c42219fb.

4. Ironicamente, este pobre desconhecido se tornou, depois de sua morte, uma das maiores mentes filosóficas do mundo ocidental. Seus escritos definiram a doutrina da Igreja e direcionaram o pensamento ocidental durante séculos. Suas volumosas obras ainda hoje são estudadas como obras-primas originais inigualáveis, ao mesmo tempo atadas às antigas raízes gregas — ele

foi a força responsável por tirar Aristóteles da obscuridade e dar a ele uma proeminência que se mantém até hoje.

5. O teólogo e bispo católico Robert Barron é o maior responsável por essa formulação dos ensinamentos de Thomas. Barron, R. E. *Catholicism: A Journey to the Heart of the Faith*. Nova York: Random House, 2011, p. 43.

6. BARRON, R. E. *Catholicism*, p. 43.

7. Digo isso com simpatia e humildade. Minha tese de doutorado, há muito esquecida pela humanidade, envolve a modelagem quantitativa de estratégias econômicas para orquestras sinfônicas. Forçar alguém a lê-la seria violar as Convenções de Genebra.

8. CANNON, W. B. *A sabedoria do corpo*. São Paulo: Companhia Editora Nacional, 1946.

9. SWALLOW, S. e KUIPER, N. "Social Comparison and Negative Self-Evaluations: An Application to Depression", *Clinical Psychology Review*, v. 8, n. 1, 1988, pp. 55–76.

10. LYUBOMIRSKY, S. "The Hedonic Consequences of Social Comparison: Implications for Enduring Happiness and Transient Mood", *Dissertation Abstracts International: Section B, The Sciences and Engineering*, v. 55, n. 10B, 1995, p. 4641.

11. KAHNEMAN, D. e TVERSKY, A. "Prospect Theory: An Analysis of Decision under Risk", *Econometrica*, v. 47, 1979, pp. 263–91.

12. GILL, D. e PROWSE, V. "A Structural Analysis of Disappointment Aversion in a Real Effort Competition", *American Economic Review*, v. 102, n. 1, 2012, pp. 469–503.

13. SHAFFER, H. J. "What Is Addiction?", *Harvard Health*, 20 jun. 2017. Disponível em: www.health.harvard.edu/blog/what-is-addiction-2-2017061914490.

14. TOBLER, P. "Behavioral Functions of Dopamine Neurons", *in Dopamine Handbook*. Nova York: Oxford University Press, 2009, cap. 6.4.

15. GIBBON, E. *Declínio e queda do Império Romano*. São Paulo: Companhia de Bolso, 2005.

16. SENIOR, J. "Happiness Won't Save You", *The New York Times*, 24 nov. 2020. Disponível em: www.nytimes.com/2020/11/24/opinion/happiness-depression-suicide-psychology.html.

17. AU-YEUNG, A. e JEANS, D. "Tony Hsieh's American Tragedy: The Self-Destructive Last Months of the Zappos Visionary", *Forbes*, 7 dez. 2020. Disponível em: www.forbes.com/sites/angelauyeung/2020/12/04/tony-hsiehs-american-tragedy-the-self-destructive-last-months-of-the-zappos-visionary/?sh=64c29a0f4f22; Henry, L. "Tony Hsieh Death: Report Says Las Vegas Investor Threatened Self-Harm Months Before —Casino.org Caller Phones 911 Months Before Las Vegas Investor Tony Hsieh's Death in Effort to Help: Report", *Casino.org*, 19 dez. 2020. Disponível em: www.casino.org/news/caller-phones-911-months-before-las-vegas-investor-tony-hsiehs-death-in-effort-to-help-report.

18. CUTLER, H. C. *A arte da felicidade: Um manual para a vida*. São Paulo: Martins Fontes, 2000, p. 27.

Notas

19. ESCRIVÁ, J. "The Way, Poverty", *Josemaría Escrivá*. Disponível em: www. escrivaworks.org/book/the_way-point-630.htm.
20. SINEK, S. *Comece pelo porquê*. Rio de Janeiro: Sextante, 2018.
21. SULLIVAN, J., THORNTON SNIDER, J., VAN EIJNDHOVEN, E. *et al.* "The Well-Being of Long-Term Cancer Survivors", *American Journal of Managed Care*, v. 24, n. 4, 2018, pp. 188–95.
22. *Dhammapada: Os ensinamentos de Buda*. Trad. de José Carlos Calazans. São Paulo: Edipro, 2021.
23. VOLTAIRE, F. *Cândido, ou o Otimismo*. São Paulo: Penguin-Companhia, 2012.
24. HAHN, T. N. *O milagre da atenção plena: Uma introdução à prática da meditação*. Petrópolis: Vozes, 2018.
25. BOWERMAN, M. "These Are the Top 10 Bucket List Items on Singles' Lists", *USA Today*, 18 maio 2017. Disponível em: www.usatoday.com/story/life/nation-now/2017/05/15/these-top-10-bucket-list-items-singles--lists/319931001.

Capítulo 5: Reflita sobre a sua morte

1. BECKER, E. *A negação da morte*. Rio de Janeiro: Record, 1991, p. 17.
2. Chapman University. "America's Top Fears 2016 — Chapman University Survey of American Fears", *The Voice of Wilkinson*, 11 out. 2016. Disponível em: https://blogs.chapman.edu/wilkinson/2016/10/11/americas-top-fears-2016.
3. HOELTER, J. W. e HOELTER, J. A. "The Relationship Between Fear of Death and Anxiety", *The Journal of Psychology*, v. 99, n. 2, 1978, pp. 225–6.
4. CAVE, S. *Immortality: The Quest to Live Forever and How It Drives Civilization*, 1ª ed. Nova York: Crown, 2011, p. 23.
5. MOSLEY, L. *Disney's World: A Biography*. Nova York: Stein and Day, 1985, p. 123.
6. LADERMAN, G. "The Disney Way of Death", *Journal of the American Academy of Religion*, v. 68, n. 1, 2000, pp. 27–46.
7. BARROLL, J. L. "Gulliver and the Struldbruggs", *Publications of the Modern Language Association*, v. 73, n. 1, 1958, pp. 43–50.
8. HOMERO. *Ilíada*. Trad. de Frederico Lourenço. São Paulo: Penguin-Companhia, 2013.
9. AURÉLIO, M. *Meditações*. Trad. de Alexandre Pires Vieira. São Paulo: Montecristo, 2019.
10. BROOKS, D. *A estrada para o caráter*. Rio de Janeiro: Alta Books, 2019.
11. KALAT, J. W. *Introduction to Psychology*. Boston: Cengage Learning, 2021.
12. BÖHNLEIN, J., ALTEGOER, L., MUCK, N. K. *et al.* "Factors Influencing the Success of Exposure Therapy for Specific Phobia: A Systematic Review", *Neuroscience and Biobehavioral Reviews*, v. 108, 202, pp. 796—820.
13. GORANSON, A., RITTER, R. S., WAYTZ, A. *et al.* "Dying Is Unexpectedly Positive", *Psychological Science*, v. 28, n. 7, 2017, pp. 988–99.

240 CADA VEZ MAIS FORTE

14. MONTAIGNE, M. *Ensaios*. São Paulo: Editora 34, 2016, p. 89.
15. FOSTER, E. M. *Howards End*. São Paulo: Globo, 2006.
16. MÁRQUEZ, G. G. *Memória de minhas putas tristes*. Rio de Janeiro: Record, 2021.

Capítulo 6: Cultive seu álamo-trêmulo

1. KILMER, J. *Trees and Other Poems*. Nova York: George H. Doran Company, 1914.
2. Nova Versão Internacional. Salmos 1:3. Disponível em: http://www.bibliaon-line.com.br/nvi/gn/1.
3. RICARD, M. "The Illusion of the Self", *Matthieu Ricard*, 9 out. 2018. Disponível em: www.matthieuricard.org/en/blog/posts/the-illusion-of-the-self--2
4. MINEO, L. "Good Genes Are Nice, but Joy Is Better", *Harvard Gazette*, 26 nov. 2018. Disponível em: https://news.harvard.edu/gazette/story/2017/04/over-nearly-80-years-harvard-study-has-been-showing-how-to-live-a--healthy-and-happy-life.
5. VAILLANT, G. E. *Aging Well: Surprising Guideposts to a Happier Life from the Landmark Harvard Study of Adult Development*, 1ª ed. Nova York: Little, Brown, 2002, p. 202.
6. VAILLANT, G. E. e MUKAMAL, K. "Successful Aging", *American Journal of Psychiatry*, v. 158, n. 6, 2001, pp. 839–47.
7. VAILLANT, G. E. *Triumphs of Experience: The Men of the Harvard Grant Study*. Cambridge, Massachussetts: Belknap Press of Harvard University Press, 2012, p. 52.
8. VAILLANT, G. E. *Triumphs of Experience: The Men of the Harvard Grant Study*. Cambridge, Massachussetts: Belknap Press of Harvard University Press, 2012, p. 50.
9. TILLICH, P. *The Eternal Now*. Nova York: Scribner, 1963.
10. WOLFE, T. *The Thomas Wolfe Reader*. Org. de C. Hugh Holman. Nova York: Scribner, 1962.
11. CACIOPPO, J. T., HAWKLEY, L. C., NORMAN, G. J. e BERNTSON, G. G. "Social Isolation", *Annals of the New York Academy of Sciences*, v. 1231, n. 1, 2011, pp. 17–22; Rokach, A. "Leadership and Loneliness", *International Journal of Leadership and Change*, v. 2, n. 1, 2014, art. 6.
12. HERTZ, N. *O século da solidão: Restabelecer conexões em um mundo fragmentado*. Rio de Janeiro: Record, 2021; HOLT-LUNSTAD, J. *et al.*, "Loneliness and Social Isolation as Risk Factors for Mortality: A Meta-Analytic Review", *Perspectives on Psychological Science*, v. 10, n. 2, 2015, pp. 227-37.
13. MURTHY, V. H. *Together: The Healing Power of Human Connection in a Sometimes Lonely World*. Nova York: Harper Wave, 2020.
14. U.S. Health Resources and Services Administration. "The 'Loneliness Epidemic'", 10 jan. 2019.
15. Cigna. "Loneliness Is at Epidemic Levels in America", *Newsworthy*. Disponível em: www.cigna.com/about-us/newsroom/studies-and-reports/combatting-loneliness.

Notas

16. SEGEL-KARPAS, D., AYALON, L. e LACHMAN, M. E. "Loneliness and Depressive Symptoms: The Moderating Role of the Transition into Retirement", *Aging and Mental Health*, v. 22, n. 1, 2016, pp. 135–40.

17. ACHOR, S., KELLERMAN, G. R., REECE, A. e Robichaux, A. "America's Loneliest Workers, According to Research", *Harvard Business Review*, 19 mar. 2018, pp. 2–6.

18. KEEFE, P. R., IOFFE, J., COLLINS, L. *et al.* "Anthony Bourdain's Moveable Feast", *The New Yorker*, 5 fev. 2017. Disponível em: www.newyorker.com/magazine/2017/02/13/anthony-bourdains-moveable-feast.

19. ALMARIO, A. "The Unfathomable Loneliness", *Medium*, 13 jun. 2018. Disponível em: https://medium.com/@AlexAlmario/the-unfathomable-loneliness-df909556d50d.

20. CACIOPPO, J. T. e PATRICK, W. *Solidão: A natureza humana e a necessidade de vínculo social*. Rio de Janeiro: Record, 2011.

21. SCHAWBEL, D. "Why Work Friendships Are Critical for Long-Term Happiness", *CNBC*, 13 nov. 2018. Disponível em: www.cnbc.com/2018/11/13/why-work-friendships-are-critical-for-long-term-happiness.html. Dan é um parceiro e diretor de pesquisa na Future-Workplace.

22. SAPORITO, T. J. "It's Time to Acknowledge CEO Loneliness", *Harvard Business Review*, 23 jul. 2014. Disponível em: https://hbr.org/2012/02/its-time-to-acknowledge-ceo-lo.

23. FERNET, C., TORRÈS, O., AUSTIN, S. e ST-PIERRE, J. "The Psychological Costs of Owning and Managing an SME: Linking Job Stressors, Occupational Loneliness, Entrepreneurial Orientation, and Burnout", *Burnout Research*, v. 3, n. 2, 2016, pp. 45–53.

24. KAHNEMAN, D., KRUEGER, A. B., SCHKADE, D. A. *et al.* "A Survey Method for Characterizing Daily Life Experience: The Day Reconstruction Method", *Science*, v. 306, n. 5702, 2004, pp. 1776–80.

25. KIPNIS, D. "Does Power Corrupt?", *Journal of Personality and Social Psychology*, v. 24, n. 1, 1972, pp. 33–41.

26. MAO, H. "The Relationship Between Organizational Level and Workplace Friendship", *International Journal of Human Resource Management*, v. 17, n. 10, 2006, pp. 1819–33.

27. COOPER, C. L. e QUICK, J. C. "The Stress and Loneliness of Success", *Counselling Psychology Quarterly*, v. 16, n. 1, 2003, pp. 1–7.

28. RIESMAN, D. *A multidão solitária*. São Paulo: Perspectiva, 1995.

29. ROKACH, A. "Leadership and Loneliness,", *International Journal of Leadership and Change*, v. 2, n. 1, 2014, art. 6.

30. PAYNE, K. K. *Charting Marriage and Divorce in the U.S.: The Adjusted Divorce Rate*. Bowling Green: National Center for Family and Marriage Research, 2018. Disponível em: https://doi.org/10.25035/ncfmr/adr-2008-2017; Amato, P. R. "Research on Divorce: Continuing Trends and New Developments", *Journal of Marriage and Family*, v. 72, n. 3, 2010, pp. 650–66.

31. WALDINGER, R. J. e SCHULZ, M. S. "What's Love Got to Do with It? Social Functioning, Perceived Health, and Daily Happiness in Married Octogenarians", *Psychology and Aging*, v. 25, n. 2, 2010, pp. 422–31.

32. FINKEL, E. J., BURNETTE, J. L. e SCISSORS, L. E. "Vengefully Ever After: Destiny Beliefs, State Attachment Anxiety, and Forgiveness", *Journal of Personality and Social Psychology*, v. 92, n. 5, 2007, pp. 871–86.

33. ARON, A., FISHER, H., MASHEK, D. J. *et al.*, "Reward, Motivation, and Emotion Systems Associated with Early-Stage Intense Romantic Love", *Journal of Neurophysiology*, v. 94, n. 1, 2005, pp. 327–37.

34. KIM, J. e HATFIELD, E. "Love Types and Subjective Well-Being: A Cross-Cultural Study", *Social Behavior and Personality*, v. 32, n. 2, 2004, pp. 173–82.

35. "Companionate Love", *Psychology*, 23 jan. 2016. Disponível em: http://psychology.iresearchnet.com/social-psychology/interpersonal-relationships/companionate-love.

36. GROVER, S. e HELLIWELL, J. F. "How's Life at Home? New Evidence on Marriage and the Set Point for Happiness", *Journal of Happiness Studies*, v. 20, n. 2, 2019, pp. 373–90.

37. COLMAN, A. M. "Coolidge Effect", *Oxford Reference*, 2014. Disponível em: www.oxfordreference.com/view/10.1093/oi/authority.20110803095637122.

38. BLANCHFLOWER, D. G. e OSWALD, A. J. "Money, Sex and Happiness: An Empirical Study", *Scandinavian Journal of Economics*, v. 106, 2004, pp. 393–415.

39. BIRDITT, K. S. e ANTONUCCI, T. C. "Relationship Quality Profiles and Well-Being Among Married Adults", *Journal of Family Psychology*, v. 21, n. 4, 2007, pp. 595–604.

40. ADAMS, R. G. "Which Comes First: Poor Psychological Well-Being or Decreased Friendship Activity?", *Activities, Adaptation, and Aging*, v. 12, n. 1–2, 1988, pp. 27–41.

41. DYKSTRA, P. A. e DE JONG GIERVELD, J. "Gender and Marital-History Differences in Emotional and Social Loneliness among Dutch Older Adults", *Canadian Journal on Aging*, v. 23, 2004, pp. 141–55.

42. PINQUART, M. e SORENSEN, S. "Influences of Socioeconomic Status, Social Network, and Competence on Subjective Well-Being in Later Life: A Meta-Analysis", *Psychology and Aging*, v. 15, 2000, pp. 187–224.

43. FIORI, K. L. e DENCKLA, C. A. "Friendship and Happiness Among Middle-Aged Adults", *in* Melikşah Demir (org.), *Friendship and Happiness: Across the Life-Span and Cultures*. Dordrecht: Springer Netherlands, 2015, pp. 137–54.

44. Cigna. *2018 Cigna U.S. Loneliness Index*. Bloomfield, 1 maio 2018. Disponível em: www.multivu.com/players/English/8294451-cigna-us-loneliness-survey/docs/IndexReport_1524069371598-173525450.pdf.

45. LEAVY, R. L. "Social Support and Psychological Disorder: A Review", *Journal of Community Psychology*, v. 11, n. 1, 1983, pp. 3–21.

46. LEAVY, R. L. "Social Support and Psychological Disorder: A Review," pp. 3–21.

Notas

47. COHEN, S. "Psychosocial Models of the Role of Social Support in the Etiology of Physical Disease", *Health Psychology*, v. 7, 1988, pp. 269–97; House, J. S., Landis, K. R. e Umberson, D. "Social Relationships and Health", *Science*, v. 241, n. 4865, 1988, pp. 540–45.
48. CARSTENSEN, L. L., ISAACOWITZ, D. M. e CHARLES, S. T. "Taking Time Seriously", *The American Psychologist*, v. 54, n. 3, 1999, pp. 165–81.
49. GOLDING, B. *The Men's Shed Movement: The Company of Men*. Champaign, Illinois: Common Ground Publishing, 2015.
50. FALLIK, D. "What to Do About Lonely Older Men? Put Them to Work", *The Washington Post*, 24 jun. 2018. Disponível em: www.washington post.com/ national/health-science/what-to-do-about-lonely-older-men-put-them- -to-work/2018/06/22/0c07efc8-53ab-11e8-a551-5b64 8abe29ef_story.html.
51. CHRISTENSEN, C. M., Dillon, K. e Allworth, J. *Como avaliar sua vida?: Em busca do sucesso pessoal e profissional*. Rio de Janeiro: Alta Books, 2012.
52. NIEMIEC, C., RYAN, R. e DECI, E. "The Path Taken: Consequences of Attaining Intrinsic and Extrinsic Aspirations in Post-College Life", *Journal of Research in Personality*, v. 3, n. 3, 2009, pp. 291–306.
53. THOREAU, H., SANBORN, F., SCUDDER, H., BLAKE, H. e EMERSON, R. *The Writings of Henry David Thoreau: With Bibliographical Introductions and Full Indexes*. Boston e Nova York: Houghton Mifflin, 1894, v. 7, pp. 42–3.

Capítulo 7: Comece seu *vanaprastha*

1. Em sânscrito: वनप्रस्थ.
2. FOWLER, J. W. *Estágios da fé: A psicologia do desenvolvimento humano e a busca por sentido*. São Leopoldo, Rio Grande do Sul: Editora Sinodal, 1992.
3. FOWLER, J. W. "Faith Development Theory and the Post-modern Challenges", *International Journal for the Psychology of Religion*, v. 11, n. 3, 2001, pp. 159–72; Jones, J. M. "U.S. Church Membership Down Sharply in Past Two Decades", *Gallup*, 23 nov. 2020. Disponível em: https://news.gallup.com/poll/248837/ church-membership-down-sharply-past-two-decades.aspx
4. MARSHALL, J. "Are Religious People Happier, Healthier? Our New Global Study Explores This Question", *Pew Research Center*, 31 jan. 2019. Disponível em: www.pewresearch.org/fact-tank/2019/01/31/are-religious-people- -happier-healthier-our-new-global-study-explores-this-question/.; Mccullough, M. E. e Larson, D. B. "Religion and Depression: A Review of the Literature", *Twin Research*, v. 2, n. 2, 1999, pp. 126–36.
5. MILLER, W. R. e THORESEN, C. E. "Spirituality and Health", *in* MILLER, W. R. (org.), *Integrating Spirituality into Treatment: Resources for Practitioners*. Washington, DC: American Psychological Association, 1999, pp. 3–18.
6. KOENIG, H. G. "Religion and Medicine II: Religion, Mental Health, and Related Behaviors", *International Journal of Psychiatry in Medicine*, v. 31, n. 1, 2016, pp. 97–109.

7. GARDINER, J. *Bach: Music in the Castle of Heaven*, 1ª ed. Nova York: Knopf, 2013, p. 126.
8. SARASWATI, A. *The Uddhava Gita*. Berkeley, Califórnia: Seastone, 2002.
9. LONGFELLOW, H. W. *The Complete Poetical Works of Henry Wadsworth Longfellow*. Boston e Nova York: Houghton Mifflin, 1922, p. 492.
10. KOCH, S. *Psychology: A Study of a Science: Vol. 3. Formulations of the Person and the Social Context*. Nova York: McGraw-Hill, 1959.
11. Pew Research Center. "'Nones' on the Rise", 9 out. 2012. Disponível em: www.pewforum.org/2012/10/09/nones-on-the-rise
12. SCRIVEN, R. "Geographies of Pilgrimage: Meaningful Movements and Embodied Mobilities", *Geography Compass*, v. 8, n. 4, 2014, pp. 249–61.
13. Oficina de Acogida al Peregrino de Santiago de Compostela. *Statistical Report — 2019*. Santiago de Compostela: Catedral de Santiago, (s.d.). Disponível em: https://oficinadelperegrino.com/estadisticas.
14. HAHN, T. N. "Thich Nhat Hanh on Walking Meditation", *Lion's Roar*, 18 fev. 2022. Disponível em: www.lionsroar.com/how-to-meditate-thich-nhat--hanh-on-walking-meditation
15. KOYAMA, K. *Three Mile an Hour God*. Maryknoll, Nova York: Orbis Books, 1980.
16. Akṣapāda, *The Analects of Rumi*. (s.l.): Autopublicação, 2019, p. 82.

Capítulo 8: Transforme sua fraqueza em força

1. Nova Versão Internacional. 2 Coríntios 12:7-10. Disponível em: https://www.bibliaonline.com.br/nvi.
2. O caso mais famoso de estigmas é o de padre Pio, também conhecido como São Pio de Pietrelcina, o místico católico que carregou os estigmas durante a maior parte da vida. As pessoas que acreditam que Paulo sofreu estigmas citam Gálatas 6:17, em que ele escreve: "Trago no meu corpo as marcas do Senhor Jesus."
3. LANDSBOROUGH, D. "St. Paul and Temporal Lobe Epilepsy", *Journal of Neurology, Neurosurgery and Psychiatry*, v. 50, n. 6, 1987, pp. 659–64.
4. Nova Versão Internacional. 2 Timóteo 4:10-16. Disponível em: https://www.bibliaonline.com.br/nvi.
5. WELBORN, L. "Paul and Pain: Paul's Emotional Therapy in 2 Corinthians 1.1–2.13; 7.5–16 in the Context of Ancient Psychagogic Literature", *New Testament Studies*, v. 57, n. 4, 2011, pp. 547–70.
6. NOVA VERSÃO Internacional. 2 Coríntios 2:4. Disponível em: https://www.bibliaonline.com.br/nvi.
7. THORUP, C. B., RUNDQVIST, E., ROBERTS, C. e DELMAR, C. "Care as a Matter of Courage: Vulnerability, Suffering and Ethical Formation in Nursing Care", *Scandinavian Journal of Caring Sciences*, v. 26, n. 3, 2012, pp. 427–35.
8. LOPEZ, S. O. "Vulnerability in Leadership: The Power of the Courage to Descend", *Industrial-Organizational Psychology Dissertations*, 2018, p. 16.

Notas

9. PECK, E. W. D. "Leadership and Defensive Communication: A Grounded Theory Study of Leadership Reaction to Defensive Communication". Dissertação de mestrado, University of British Columbia, Vancouver, 1998. Disponível em: http://dx.doi.org/10.14288/1.0053974.

10. FITZPATRICK, K. "Stephen Colbert's Outlook on Grief Moved Anderson Cooper to Tears", *Vanity Fair*, 16 ago. 2019. Disponível em: www.vanityfair.com/ hollywood/2019/08/colbert-anderson-cooper-father-grief-tears.

11. FRANKL, V. *Em busca de sentido: Um psicólogo no campo de concentração.* Petrópolis: Vozes, 2021.

12. FREUD, S. *Luto e melancolia: À sombra do espetáculo.* Rio de Janeiro: Civilização Brasileira, 2012.

13. BONNANO, G. "Loss, Trauma, and Human Resilience", *American Psychologist*, v. 59, n. 1, pp. 20–8.

14. HELGESON, V., REYNOLDS, K. e TOMICH, P. "A Meta-Analytic Review of Benefit Finding and Growth", *Journal of Consulting and Clinical Psychology*, v. 74, n. 5, 2006, pp. 797–816.

15. ANDREWS, P. W. e THOMSON, J. A. "The Bright Side of Being Blue", *Psychological Review*, v. 116, n. 3, 2006, 620–54. Disponível em: https://doi.org/10.1037/a0016242.

16. University of Alberta. "Sad Workers May Make Better Workers", *ScienceDaily*, 14 jun. 2001. Disponível em: www.sciencedaily.com/releases/2001/06/010612065304.htm.

17. BAUMEISTER, R. F., VOHS, K. D., AAKER, J. L. e GARBINSKY, E. N. "Some Key Differences Between a Happy Life and a Meaningful Life", *The Journal of Positive Psychology*, v. 8, n. 6, 2013, pp. 505–16.

18. LANE, D. J. e MATHES, E. W. "The Pros and Cons of Having a Meaningful Life", *Personality and Individual Differences*, v. 120, 2018, pp. 13–6.

19. SAUNDERS, T., DRISKELL, J. E., JOHNSTON, J. H. e SALAS, E. "The Effect of Stress Inoculation Training on Anxiety and Performance", *Journal of Occupational Health Psychology*, v. 1, n. 2, 1996, pp. 170–86.

20. MCCABE, B. "Beethoven's Deafness", *Annals of Otology, Rhinology and Laryngology*, v. 113, n. 7, 2004, pp. 511–25.

21. SACCENTI, E., SMILDE, A. e SARIS, W. "Beethoven's Deafness and His Three Styles", *British Medical Journal*, v. 343, n. 7837, 2011, D7589.

22. SACCENTI, E., SMILDE, A. e SARIS, W. "Beethoven's Deafness and His Three Styles,", D7589.

23. AUSTIN, M. "Berlioz and Beethoven", *The Hector Berlioz Website*, 12 jan. 2003. Disponível em: www.hberlioz.com/Predecessors/beethoven.htm.

246 CADA VEZ MAIS FORTE

Capítulo 9: Lance a linha na maré baixa

1. BLAUW, A., BENINCÀ, E., LAANE, R. *et al.* "Dancing with the Tides: Fluctuations of Coastal Phytoplankton Orchestrated by Different Oscillatory Modes of the Tidal Cycle", *PLoS One*, v. 7, n. 11, 2012, E49319.
2. ALIGHIERI, D. *A divina comédia*. Porto Alegre, Rio Grande do Sul: L&PM Pocket, 2016.
3. IBARRA, H. e OBODARU, O. "Betwixt and Between Identities: Liminal Experience in Contemporary Careers", *Research in Organizational Behavior*, v. 36, 2016, pp. 47–64.
4. FEILER, B. *Life Is in the Transitions*. Nova York: Penguin Books, 2020.
5. BROOKS, A. (apre.), "Managing Transitions in Life", *The Art of Happiness with Arthur Brooks*, Apple Podcasts, 4 ago. 2020. Disponível em: https://podcasts.apple.com/us/podcast/managing-transitions-in-life/id1505581039?i=1000487081784.
6. AURÉLIO, M. *Meditações*. São Paulo: Edipro, 2019, p. 24.
7. CONROY, S. e O'LEARY-KELLY, A. "Letting Go and Moving On: Work-Related Identity Loss and Recovery", *The Academy of Management Review*, v. 39, n. 1, 2014, pp. 67–87.
8. IBARRA, H. e OBODARU, O. "Betwixt and Between Identities," pp. 47–64.
9. WALKER, W. R; SKOWRONSKI, J. J. e THOMPSON, C. P. "Life Is Pleasant-and Memory Helps to Keep It That Way", *Review of General Psychology*, v. 7, n. 2, 2003, pp. 203–10.
10. BAUMEISTER, R. F., VOHS, K. D., AAKER, J. L. e Garbinsky, E. N. "Some Key Differences Between a Happy Life and a Meaningful Life". *The Journal of Positive Psychology*, v. 8, 2013, pp. 505–516.
11. BAUMEISTER, R. F. *Meanings of Life*. Nova York: Guilford Press, 1991.
12. ANDREASEN, N. C. "The Relationship Between Creativity and Mood Disorders", *Dialogues in Clinical Neuroscience*, v. 10, n. 2, 2008, pp. 251–5; Garcia, E. E. "Rachmaninoff and Scriabin: Creativity and Suffering in Talent and Genius", *The Psychoanalytic Review*, v. 91, n. 3, 2004, pp. 423–42.
13. EMERSON, R. W. *The Later Lectures of Ralph Waldo Emerson, 1843-1871*. Atenas, Londres: University of Georgia Press, 2010, v. 1: 1843-1854.
14. SHEEHY, G. *Passagens: Crises previsíveis da vida adulta*. Rio de Janeiro: Francisco Alves, 1991.
15. SHEEHY, G. *Passagens*, p. 400.
16. COOK, J. "The Male Menopause: For Some, There's 'a Sense of Panic'", *The New York Times*, 5 abr. 1971. Disponível em: www.nytimes.com/1971/04/05/archives/the-male-menopause-for-some-theres-a-sense-of-panic.html
17. JAQUES, E. "Death and the Mid-Life Crisis", *The International Journal of Psychoanalysis*, v. 46, n. 4, 1965, pp. 502–14.
18. DRUCKERMAN, P. "How the Midlife Crisis Came to Be", *The Atlantic*, 19 maio 2018. Disponível em: www.theatlantic.com/family/archive/2018/05/the-invention-of-the-midlife-crisis/561203.

Notas

19. Modern Elder Academy. Disponível em: www.modernelderacademy.com.
20. Usado com permissão.
21. MISCHEL, W., EBBESEN, E. e RASKOFF ZEISS, A. "Cognitive and Attentional Mechanisms in Delay of Gratification", *Journal of Personality and Social Psychology*, v. 21, n. 2, 1972, p. 204–18.
22. MISCHEL, W., EBBESE, E. e RASKOFF ZEISS, A. "Cognitive and Attentional Mechanisms in Delay of Gratification", pp. 204–218.
23. URIST, J. "What the Marshmallow Test Really Teaches About Self-Control", *The Atlantic*, 24 set. 2014. Disponível em: www.theatlantic.com/health/archive/2014/09/what-the-marshmallow-test-really-teaches-about-self--control/380673.
24. EMERSON, R. *The Collected Works of Ralph Waldo Emerson*. Cambridge, Massachussetts: Belknap Press of Harvard University Press, 1979, v. 2: Essays: First Series.
25. JACHIMOWICZ, J., TO, C., MENGES, J. e AKINOLAA, M. "Igniting Passion from Within: How Lay Beliefs Guide the Pursuit of Work Passion and Influence Turnover", *PsyArXiv*, 7 dez. 2017. Disponível em: doi:10.31234/osf.io/qj6y9.
26. IZARD, C. "Emotion Theory and Research: Highlights, Unanswered Questions, and Emerging Issues", *Annual Review of Psychology*, v. 60, n. 1, (s.d.), pp. 1–25.
27. PATZ, A. L., MILLIMAN, J. e DRIVER, M. J. "Career Concepts and Total Enterprise Simulation Performance", *Developments in Business Simulation & Experiential Exercises*, v. 18, 1991, pp. 84–9.
28. RINPOCHE, S. *O livro tibetano do viver e do morrer*. São Paulo: Palas Athena, 2013.

Conclusão: Sete palavras para se lembrar

1. GRAVEZ, D. "Augustine's Love Sermon", *Christian History Institute*. Disponível em: https://christianhistoryinstitute.org/study/module/augustine.
2. WALLACE, D. F. *This Is Water: Some Thoughts, Delivered on a Significant Occasion, About Living a Compassionate Life*, 1ª ed. Nova York: Little, Brown, 2009.
3. Nova Versão Internacional. Deuteronômio 7:5. Disponível em: http://www.bibliaonline.com.br/nvi/gn/1

Índice remissivo

A arte cavalheiresca do arqueiro zen (Herrigel), 47
A arte da fuga (Bach), 54-56
A coragem de ser imperfeito (Brown), 188
A divina comédia (Dante), 72, 76, 204
A estrada para o caráter (Brooks), 117-118
A multidão solitária (Riesman et al.), 138
A natureza da ligação química (Pauling), 32
A negação da morte (Becker), 112
A origem das espécies (Darwin), 18
A sabedoria do corpo (Cannon), 92
Abderramão III, 99
Abilities (Cattell), 42-44
Acharya (Sri Nochur Venkataraman), 161-165, 170-171, 178-179
Administração de Recursos e Serviços de Saúde dos Estados Unidos, 133
admiração, 87-88
adolescência, 174
advogados, 134
agape, 159
Airbnb, 215
álamo-trêmulo, 125-127
Albrechtsberger, Johann, 196
Alcoólicos Anônimos, 78, 151
alocação de tempo, 153
amizade, 138-139, 141, 143, 145-146, 147-149, 157-158, 226
    Aristóteles sobre, 144-145, 157-158
    casamento e, 141-143
    com filhos adultos, 143
    em ambiente de trabalho, 136-137, 148
    felicidade e, 146-147
    homens e, 142, 146, 150
    mulheres e, 142, 146, 151
    real *versus* comercial, 143-147
Amizade (Emerson), 157
amizades de trabalho, 136-137, 148
amor, 131, 156-157, 158-159, 227-228

agape, 159
    barreiras para o, 147-152
    companheiro, 139-140
    felicidade e, 131, 228
    palavras gregas para o, 159
    por coisas, 228
    romântico e apaixonado, 138-142
    se apaixonar e continuar amando, 139-140
Andrews, Paul W., 195
ansiedade, 208, 210
Antônio, Marco, 48
apegos, 89-91, 104, 106, 163, 226
aposentadoria, 23, 36, 46-47, 51, 77, 116, 118
    solidão e, 134
Aristóteles, 144-145, 157-158, 238n4
arte, 83
    oriental *versus* ocidental, visão de, 81, 83
árvores, 125-126
    álamo-trêmulo, 125-127
    sequoia, 126
As confissões de Schmidt (filme), 116
As viagens de Gulliver (Swift), 115
ashramas, 160, 162
    brahmacharya, 162
    grihastha, 162-165
    sannyasa, 163-165
    vanaprastha, 163-165, 170-171, 182, 203
ataques terroristas do 11 de Setembro, 206
atletas, 20, 37-38, 68
autoconceito, 174-175
autoidentidade, 182-183, 206
auto-objetificação, 61, 69-72, 78, 85, 87, 163, 200, 226, 227-228
avaliando a sua vida, 152-155
    Dia de Ação de Graças, 109, 152
aversão à perda, 97-98

Bach, Carl Philipp Emanuel, 53-55, 235n15

Índice remissivo

Bach, Johann Sebastian, 52-57, 158, 169, 235n16
bardo, 224
Baumeister, Roy, 208
Becker, Ernest, 112
Beethoven, Ludwig van, 54, 196-199
bem posicionais, 74-75, 79
Berlioz, Hector, 199
biblioteca mental, 31, 44, 45
Bourdain, Anthony, 135-136
Bradlee, Ben, 128
brahmacharya, 162
Brahms, Johannes, 56, 81-82
Brickman, Philip, 100-101
brincadeira paralela, 150
British Medical Journal, 198
Brooks, Arthur C.
    avô de, 213-215
    como músico, 25-29, 57, 83, 169
    educação universitária de, 27-29, 188-190
    em uma empresa de tecnologia, palestra dada por, 48-49
    fé de, 168-171, 226-227
    homem no avião e, 11-13, 36, 117, 164, 226, 229
    idiomas falados por, 41
    pai de, 213-215
    pescaria de, 143-144, 202-203
    vida profissional de, 12-13, 28, 41, 46, 57, 63, 169, 188-189, 207, 224-225, 226
Brooks, Carlos, 143-145
Brooks, David, 117-118
Brooks, Ester, 13, 28, 108, 140, 147, 154, 169-171, 175, 180-181, 207
Brown, Brené, 188
Buda (Siddhartha), 88-91, 101, 106, 179, 205
    Quatro Nobres Verdades de, 90
budismo, 72
    bardo em, 224
    Bodh Gaya e, 179
    eu como visto no, 126-127
    história do samurai e dos monges em, 123
    mosteiros Theravada, 121

Cacioppo, John, 136
caminhada, 130, 178-182
    da gratidão, 182
    meditativa, 180-181
Caminho de Santiago, 179-182
Cândido (Voltaire), 107
Cannon, Walter, 92
capitalismo, 49, 70
carreira profissional
    auge da, 24, 45
    curva da, 23-25, 44
    declínio da. *ver* declínio
    meia-vida da, 24-25, 42
    ver também sucesso
Casals, Pablo, 52-53
casamento, 131, 138-140, 148
    amizade e, 141-143
    negligência do, 151
    solidão e, 133-134
    workaholism e, 65-66, 134
catolicismo, 87-88, 169-170, 173, 179
Cattell, Raymond, 42-44, 234n5
Cave, Stephen, 33, 113
CEOs, 73, 110, 116, 137
cérebro, 99, 149
    córtex pré-frontal no, 30
    emoções e, 93-94
    homeostase e, 93-94
    romance e, 139-140
    satisfação e, 91-92
    sistema límbico do, 91, 222, 227
    vício e, 93
    workaholism e, 66-67
César, Júlio, 48
Christensen, Clayton, 152-153
Churchill, Winston, 67
Cícero, 47-48
cientistas, 17, 21-22
Cigna, 133
Cincinato, Lúcio Quíncio, 212-213
Colbert, Stephen, 192-193
Como avaliar sua vida? (Christensen), 153
comparação social, 74-76, 78, 95-96, 118
Confissões (Rousseau), 73

250   CADA VEZ MAIS FORTE

Confissões (Santo Agostinho), 68
conhecimento, 44, 46, 50
Conley, Chip, 215-218
conselhos, 48
controladores de tráfego aéreo, 23
Coolidge, Calvin e Grace, 140
Cooper, Anderson, 192
cortando os excessos, 79, 80-109, 203, 226
    concentrando-se nas pequenas coisas, 107-108
    listas de coisas para fazer antes de morrer e, 83-85, 105-107
    olhando para a frente, 109
    perguntando o porquê, não o quê, 102-105
crescimento pós-traumático, 104
criatividade e sofrimento, 209
crise financeira, 206
cristandade
    catolicismo, 87-88, 169-170, 173, 179
    Jesus, 172-173, 184-185
    Nicodemos e, 171-173, 183
    São Paulo e, 184-187, 190-192, 245n2

Dalai Lama, 75, 102, 181
Dante Alighieri, 72, 76, 204
Darwin, Charles, 17-19, 36, 52, 54, 55
Dawes, Dominique, 37
De volta para o futuro (filme), 211
decepção, 97-98
declínio, 13-16, 17-39, 40, 45, 94, 97, 100, 159, 187, 188
    Bach e, 52-57
    cérebro e, 30
    compartilhando o, 192
    da inteligência, 29-30
    da inteligência fluida. *ver* inteligência fluida
    Darwin e, 17-19, 36, 52, 55-56
    diferença fundamental entre morte e, 123-124
    Dirac e, 21-22, 32
    enfrentando de cabeça erguida, 120-123
    experiência do autor em, 25-29

homem no avião e, 11-13, 36, 117, 164, 226, 229
medo de, 110-113, 120-121
obsessão de Disney pelo, 113-114
Pauling e, 32-33, 36, 52
pela profissão, 19-25, 41-42, 45-46
prematuridade do, 19-25
previsibilidade do, 23-25
relacionado ao antigo prestígio, sofrimento de, 36, 234n20
relacionamentos e, 123-124, 127
resistência ao, 110-111, 115, 122, 197
São Paulo e, 190
sofrimento da irrelevância no, 33-38
três opções para lidar com, 39
DeLorean, John, 210-212, 214-215
Deuteronômio, 228
Dia de Ação de Graças, 109, 152
Dickinson, Emily, 75
dinheiro, 86-88, 90, 106, 162-163, 227-228
Dirac, Paul, 21-22, 32
discursos de formatura, 221
Disney, Diane, 114
Disney, Roy, 114
Disney, Walt, 113-114
diversidade, 49
dopamina, 67, 98-99, 106
dor, benefícios da, 192-196
Dos deveres (Cícero), 47-48

educação, 130-131
efeito Aquiles, 115-117
Em busca de sentido (Frankl), 193
Emerson, Ralph Waldo, 157, 209, 220
emoções, 93-94, 156
    interesse, 222
    negativas, 195-196
    resiliência e, 195-196
    viés da emoção desbotada, 208
empreendedores, 23, 45, 222
ensino, 46-51, 163
    Bach e, 54-57, 158
envelhecimento, 19-20, 40, 109, 208
escritores, 22, 24-25

Índice remissivo

Escrivá, Josemaría, 102
Estágios da fé (Fowler), 166
esteira hedônica, 94-97, 100-102, 180-181
estigma, 185, 245n2
estilo de enfrentamento, 130
estilo de enfrentamento adaptativo, 130
estoicismo, 167, 191, 205
estresse, 208
Estudo de Harvard de Desenvolvimento
  Adulto, 128-131, 139
Estudo Glueck, 129
Ética a Nicômaco (Aristóteles), 144-145
etilismo e vício em drogas, 62-63, 65, 73,
  76, 130, 150-152, 167
  sensação da primeira vez e, 92-93
eu, 126-127, 164
eudaimonia, 221-222
evolução, 18, 93-94, 95-100, 101
excelência, 57-58
exercício, 130, 179
expectativas, 36-37

fama, 68, 75, 79, 87-88, 96, 156
família, 141, 143, 148, 226
  filhos adultos, 143, 151
fazendeiros, 134
fé. *ver* vida espiritual
Feiler, Bruce, 204-205, 207-208
felicidade, 15-16, 35-36, 59-60, 78, 82-83,
  85, 103, 107-108, 119, 154-155, 227
  amizades e, 146-147
  amor e, 131, 227-228
  auto-objetificação e, 71, 85
  comparação social e, 75-76
  Estudo de Harvard de Desenvolvimento
    Adulto e, 128-131, 139
  gratidão e, 182
  hedonia e *eudaimonia*, 221-222
  lista reversa do que fazer antes de
    morrer e, 105-107
  monogamia e, 141
  objetivos e, 156
  pessoas Feliz-Bem, 129-131, 140
  relacionamentos e, 131
  religião e espiritualidade e, 167

romance e, 139-140
ser especial e, 16, 60-62, 78, 165
sobreviventes de câncer e, 104
ficar na defensiva, 188
filosofia grega, 167-168
  conceitos de amor, 159
  estoicismo, 167, 191, 205
Forbes, Malcolm, 85
Ford, Henry, 184
Forster, E. M., 121
Fowler, James, 166
fracasso, 73-76, 78, 96-97, 188, 195
Frankl, Victor, 193
fraqueza, 15, 183, 226-227
  alcançando a grandeza com a, 196-199
  Beethoven e, 196-199
  benefícios da, 192-196
  como força, 184-201
  compartilhar fraquezas, 192, 200
  conexão humana por meio da, 187-192
  relaxamento possível pela, 199-201
Freud, Sigmund, 194, 209
Frontiers in Psychology, 70
fumar, 130

Gallup, 136
ganhos e perdas, avaliação de, 97-98
García Márquez, Gabriel, 123
Gartner, John, 68
Gates, Bill, 189
genética, 18
God's Lonely Man (Wolfe), 132
Goldman, Robert, 68
gratidão, 182
gratificação adiada, 219
grihastha, 162-165

Hanh, Thich Nhat, 108, 180
Harvard Business Review, 23, 63, 134, 137
Harvard Business School, 152
Haydn, Joseph, 54, 196, 199
Hebb, Donald, 234n5
hedonia, 221-222
Herrigel, Eugen, 47
Hertz, Noreena, 132-133

hinduísmo, 160-163, 171, 178
"Hino à alegria" (Schiller), 199
história do samurai e dos monges, 123
historiadores, 42, 46
HMS *Beagle*, 18
Holahan, Carole e Charles, 36-37
homem no avião, 11-13, 36, 117, 164, 226, 229
homeostase, 92-94
Homero, 115-116
honra, 86-88, 90, 106, 163
Hsieh, Tony, 101
humildade, 77-78, 201

idiomas, 40-41
idolatria, 228
  ver também vida espiritual
Ilíada (Homero), 115-116
impermanência, 205-206
indefeso, 188, 192, 226-227
indústria da tecnologia, 23, 45, 48-49, 222
inovação, 46, 56
Instagram, 76
instrução, 46-51, 163
  Bach e, 54-57, 158
inteligência, 29
  ver também inteligência cristalizada; inteligência fluida
inteligência cristalizada, 42-50, 56, 58, 118, 128, 163, 183, 203, 212, 214, 216, 226, 234n5
inteligência fluida, 42-50, 56, 58, 62, 110-112, 156, 163, 191, 203, 210, 212, 216, 220, 234n5
interesse, 221-222
iPhone, 184
irrelevância, 33-38

Jaques, Elliott, 211
Jesus, 172-173, 184-185
Jobs, Steve, 184
Joie de Vivre Hospitality, 215
Jones, Benjamin, 21-22
Journal of Gerontology, 35
Journal of Happiness Studies, 140

Journal of Neurology, 185-186
Jung, Carl, 99

Kahneman, Daniel, 97, 137
Kant, Immanuel, 69
Kennedy, John F., 128
Kilmer, Joyce, 125
Kitahata, Luther, 104-105
Koyama, Kosuke, 180
Krishna, Senhor, 171, 178

Lachman, Margie, 212
"Ladainha da Humildade" (Merry del Val), 78
Landsborough, David, 185-186
Lao Tzu, 82
legado, 117-119
Lei de Stein, 15
líderes
  solidão dos, 135-138
  vulnerabilidade em, 192
Life Is in the Transitions (Feiler), 204-205
liminaridade, 204-209, 212, 215-216, 226-227
  e fazer a coisa mais interessante que puder, 221-222
  e identificar o seu marshmallow, 219-220, 222
  e tipos de carreira, 222-223
  e trabalho como a recompensa, 220-221
  quatro lições para, 217-223
Lincoln, Abraham, 67-68
listas de coisas para fazer antes de morrer, 83-85, 105-107
Little, Jane, 25
Longfellow, Henry Wadsworth, 171
"Lycidas" (Milton), 68

maldição do obstinado, 14, 42
Mallory, George, 74
manas, 72
Marco Aurélio, 116-117, 168, 205
maré baixa, 202-204, 209

Índice remissivo

marshmallow, encontrando o seu, 219-220, 222
Marx, Karl, 69-71
matemáticos, 42
Matura, 178
McLuhan, Marshall, 72
Meanings of Life (Baumeister), 208
médicos, 22, 134, 232n7
meditação
  ambulante, 180-181
  sobre a impermanência, 205-206
  sobre a morte, 121-122
meditação *maranasati*, 121-122
medo, 73, 97, 99, 121, 156
  da morte, 110-112, 120
  do declínio, 110-113, 120-121
  do fracasso, 73-76, 78
  terapia de exposição e, 120-121
  workaholism e, 64
memória, 31
Men's Sheds, 150
Mendel, Gregor, 18, 56
mentoria, 48
Merry del Val y Zulueta, Rafael, 78
metáfora da biblioteca, 31, 44-45
"Midlife in the United States", 212
Milton, John, 68
mindfulness, 108, 119, 180
  da morte, 121-122
Mischel, Walter, 219-220
Modern Elder Academy (MEA), 216-217
Moisés, 228
monogamia, 141
Montaigne, Michel de, 120-121
morte, 16, 73, 109, 110-124, 203
  diferença fundamental entre declínio e, 123-124
  e virtudes de currículo *versus* virtudes de obituário, 118-119
  enfrentando de cabeça erguida, 120-123
  legado e, 117-119
  meditação com atenção plena sobre a, 121-122
  medo da, 110-112, 120
  obsessão de Disney pela, 113-114

mosteiros budistas Theravada, 121
Mozart, Wolfgang Amadeus, 54, 196
mudança, 149, 164, 183, 205, 208
multitarefas, 30
Murthy, Vivek, 133
Museu do Palácio Nacional, 80-81
música
  Bach sobre, 169
  ocidental *versus* indiana, 81-82
músicos, 25-29, 233n13
  aspirações de carreira do autor, 25-29, 57, 83, 169

"Não entres nessa noite acolhedora com doçura" (Thomas), 110-111
"Não sou ninguém" (Dickinson), 75
Narciso, 72
Nicodemos, 171-173, 183

O caminho (filme), 179
O livro tibetano do viver e do morrer (Rinpoche), 224
O milagre da atenção plena (Thich Nhat Hanh), 108
O século da solidão (Hertz), 132-133
"O solilóquio do suicídio", 67
Oates, Wayne, 63
objetificação
  de outros, 61, 69-70
  de si mesmo, 61, 69-72, 78, 85, 87, 163, 200, 226, 228
objetivos, 163, 209, 221
  de trabalho, 220-222
  extrínsecos, 155-157
  intrínsecos, 155-157
objetivos de trabalho, 220-221
objetivos extrínsecos, 155-157
objetivos intrínsecos, 155-157
obstinação, 36, 95, 166-167
Organização para a Cooperação e Desenvolvimento Econômico (OCDE), 63
orgulho, 72-73, 76, 77-78, 175
Os meios de comunicação como extensões do homem (McLuhan), 72

Os princípios da mecânica quântica (Dirac), 22

Padre Pio, 245n2
pandemia do coronavírus, 182, 206-207
paradoxo da mortalidade, 113
Passagens (Sheehy), 209-211
Pauling, Linus, 32-33, 36, 52
pensamento marginal, 152-153
perda, 187, 199-200, 206
  benefícios da, 192-196
perdas e ganhos, avaliação de, 97-98
peregrinos, 178-182
perfeccionismo, 73-76, 78
peso corporal, 130
pessoas talentosas, 36-37
Plínio, o Velho, 113
poder, 86-88, 90, 106, 162-163, 227-228
por quê, não o quê, 102-105
prazer, 86-88, 90, 106, 163, 227-228
Prêmio Nobel, 21-22, 31-32, 97
prestígio, 86-88, 156, 162, 227-228
  e o sofrimento do declínio, 36, 234n20
problema de Edsel, 154
professores, 46-47
professores universitários, 46-47
profissionais da área financeira, 22
profissões criativas, 24
profissões que exigem ideias (trabalhadores do conhecimento), 21-23, 41-43, 111
propósito, 103, 208, 221
Psychological Review, 195
Psychological Science, 120

"Qual é meu ídolo?" (jogo), 88
Quatro Nobres Verdades, 90
Questionário da Busca da Paixão no Trabalho, 221

redes sociais, 71, 76, 79
redimir-se, 150-152
relacionamentos, 14, 16, 125-159, 203
  alocação de tempo e, 153
  animosidade em, 151
  Bach e, 158

comportamento de vício e, 148-149
declínio e, 123-124, 127
despertando habilidades esquecidas de, 149
e avaliando a sua vida, 152-155
felicidade e, 131
investimento em, 155
objetivos e, 157
propósito e satisfação em, 157
redimindo-se nos, 150-152
românticos, 138-142
segunda curva e, 127-128
trabalho principal nos, 154
vício em sucesso e, 151-152
workaholism e, 65, 66, 73, 134, 148-149
  ver também família; amizade; solidão; amor; casamento
relacionamentos românticos, 138-142
  ver também amor; casamento
religião
  Bach e, 169
  budismo. *ver* budismo
  cristandade. *ver* cristandade
  discussões sobre, 168-169
  e autoconceito como pessoa não religiosa, 174-175
  hinduísmo, 160-163, 171, 178
  interesse em, e idade, 166-168
  peregrinos na, 178-182
  primeiras impressões de, 175-177
  ver também vida espiritual
Ribeiro, Alex Dias, 69
Ricard, Matthieu, 127
Rinpoche, Sogyal, 224
riqueza, 75, 87, 95
Robinson, Bryan E., 65
Rogers, Carl, 174
Roosevelt, Theodore, 75
Rousseau, Jean-Jacques, 73
Rumi, 182

sabedoria, 44, 48-50, 58, 128, 157, 163
sacrifício, 219-220
Salieri, Antonio, 196
Salmos, 125

Sangamo Journal, 67
sannyasa, 163-165
Santo Agostinho, 68, 73, 228
São Paulo, 184-187, 190-192, 245n2
São Tiago, o Apóstolo, 179
satisfação, 38, 91-96, 100-102, 107-108, 227
   insatisfação, 38, 94, 100, 105, 106, 109
Satisfação garantida (Hsieh), 101
saúde, 130-131, 156, 179
   religião, espiritualidade e, 167
   solidão e, 132-134
Schiller, Friedrich, 199
Schopenhauer, Arthur, 75
Schumann, Robert, 53
segunda curva, 40-58, 78, 110-111, 159, 163, 183
   alegrias da, 50-52
   Bach e, 52-57
   inteligência cristalizada e. *ver* inteligência cristalizada
   inteligência fluida e. *ver* inteligência fluida
   relacionamentos e, 127-128
   saltando na, 58, 66, 79, 200-201, 203
seleção natural, 18
Self-Reliance (Emerson), 220
sentido, 15, 195, 208
   em relacionamentos, 157
   em transições, 208-209
   no sofrimento, 193, 209
   no trabalho, 221
sequoias, 126
ser especial/singularidade, 16, 60-62, 78, 200
   felicidade e, 16, 60-62, 78, 165
   símbolos de, 79
   virtudes de obituário e, 118
serviço, 47-48, 57-58
Sheehy, Gail, 209-211
Siddhartha. *ver* Buda
Simonton, Dean Keith, 23-25, 42
Sinek, Simon, 102
sobreviventes de câncer, 104
sofrimento, 193-194, 200, 220
   durante transições, 208-209
solidão, 128, 132-134, 146, 153

aposentadoria e, 134
Bourdain e, 135-136
dos líderes, 135-138
parceiro romântico e, 133-134, 141
pela profissão, 134
saúde e, 131-133
workaholism e, 64, 136
solitude, 132, 157
sozinho, estar, 132
   solidão. *ver* solidão
Spohr, Ludwig, 197
Stein, Herbert, 15
sucesso, 13-15, 35, 57, 73, 82, 200, 222
   como relativo, 74-75, 96
   Darwin e, 17-19
   declínio do. *ver* declínio
   frenesi do, 66-67
   homem no avião e, 11-13, 36, 117, 164, 226, 229
Suma teológica (Tomás de Aquino), 176
Swift, Jonathan, 115

tanatofobia, 112
Tao Te Ching (Lao Tzu), 82
teoria da perspectiva, 97-98
The Chronicle of Higher Education, 46
The Eternal Now (Tillich), 132
The New York Times, 189, 211
The New Yorker, 135
Thomas, Dylan, 110-111
Thomson, J. Anderson, 195
Thoreau, Henry David, 158
Three Mile an Hour God (Koyama), 180
Tillich, Paul, 132
Tolstói, Liev, 119
Tomás de Aquino, 72, 85-88, 90-91, 101, 176, 238n4
   quatro ídolos de, 86-88, 90, 106, 163, 228
trabalhadores do conhecimento (profissões que exigem ideias), 21-23, 41-43, 111
transcendência. *ver* vida espiritual
transições, 202-225
   ashramas e. *ver ashramas*
   crise da meia-idade, 203-204, 209-215

dolorosas, 208-209
idosos modernos e, 215-217
liminaridade e. *ver* liminaridade
propósito e, 208
viés da emoção desbotada e, 208
transições da meia-idade. *ver* transições
trauma, 193-195
crescimento após, 104
treinamento de inoculação de estresse, 195-196
tristeza, 195
Tversky, Amos, 97

Uddhava Gita, 171
União Soviética, 206
Universidade da Califórnia, Los Angeles, 146
Universidade de Rochester, 155
Universidade de Wisconsin, 212
Universidade do Sul da Califórnia, 222
utilidade, sensação, 35

Vaillant, George, 129, 131
valores intrínsecos, 157
vanaprastha, 163-165, 170-171, 182, 203
vendedores ambulantes, 134
Venkataraman, Sri Nochur (Acharya), 161-165, 170-171, 178-179
vício em drogas e álcool, 62-63, 65, 73, 76, 130, 150-152, 167
sensação da primeira vez e, 92-93
vício em sucesso, 59-79, 151-153, 164-165, 203, 222
abstinência, 76
auto-objetificação no, 61, 69-72, 78
comparação social e, 74-76, 78
medo do fracasso e, 73-76, 78
orgulho e, 72-73, 76-78
recuperação do, 77-78, 150-152
relacionamentos e, 151-152
teste sobre, 77
workaholism no. *ver workaholism*
vícios, 65-66, 75, 98-99
cérebro e, 93

em drogas e álcool, 62-63, 65, 73, 76, 130, 150-152, 167
em sucesso. *ver* vício em sucesso
homeostase e, 93
relacionamentos e, 148-149
sensação da primeira vez e, 92-93
workaholism. ver workaholism
vida espiritual, 160-183
ashramas e. *ver ashramas*
caminhada e, 178-182
colocando na frente e no meio, 177-178
de Bach, 169
do autor, 168-171, 226-227
idade e, 166-168
superando barreiras na, 173-178
tempo e esforço necessário para a, 177-178
ver também religião
vidamotos, 205
viés da emoção desbotada, 208
Virgílio, 131
virtudes de currículo *versus* virtudes de obituário, 118-119
vocabulário, 40-41
Voltaire, 107
vulnerabilidade, 188, 192-193
ver também fraqueza

Waldinger, Robert, 129, 131, 141
Wallace, David Foster, 228
Washington Post, 150
Western Illinois University, 195
Wolfe, Thomas, 132
workaholism, 38, 61, 63-66, 72-74, 78, 135, 148-149, 152-153, 165
relacionamentos e, 65-66, 73, 133-134, 148-149
solidão e, 64, 136

yaatrees, 178
Yogananda, Paramahansa, 160

Zappos, 101